Komm, wir feiern!

Weihnachten

Fest-, Feier- und Spielideen für die Adventszeit

Praxisreihe Kindergarten

Inhaltsverzeichnis

Advent und Weihnachten in der Kita

Mit Plätzchen, Gemütlichkeit und Kerzenzauber

In der Adventszeit ist oft viel los: Eltern-, Familiennachmittage oder andere Weihnachtsfeiern wollen vorbereitet werden, Kolleginnen sind krank, der Jahresabschluss steht an und auch privat haben Sie sicherlich einiges zu organisieren. Wie kann es gelingen, trotz all des Trubels einige besondere Momente mit den Kindern zu erleben und gemeinsam den Advent zu genießen?

Die Jagd nach dem Weihnachtsgefühl

Alle Jahre wieder geht er los – der Weihnachtsstress! Wie man trotzdem den kleinen Wohlfühlmoment findet? Vielleicht, in dem es in der Kita lecker nach Plätzchen duftet, weil Sie unsere Rezepte ausprobiert haben? Vielleicht spüren Sie Weihnachten auch, wenn Sie bei Kerzenschein mit den Kindern die Nikolausatmung testen oder wenn es draußen schneit und drinnen dadurch ganz gemütlich wird. Irgendeinen kleinen Zipfel Weihnachtsgefühl finden Sie ganz sicher auch in der stressigen Zeit vor dem Jahresende – ob Sie nun besonders religiös oder spirituell sind oder nicht. Denn alles andere wäre sehr schade.

Weihnachten feiern die Menschen ja nicht erst seit einigen Hundert Jahren oder seit Einzug des Christentums, sondern schon immer war der dunkelste Abschnitt im Jahr um Mittwinter herum eine ganz besondere Zeit. Draußen ist es jetzt so dunkel wie sonst nie: Die Sonne geht früh unter und wenn Sie morgens das Haus verlassen, ist ebenfalls noch kein Sonnenstrahl in Sicht. Dazu ist es meistens kalt und nass – zumindest wenn Ihre Kita in Mitteleuropa liegt. Darum machen es sich die Menschen mit besonderen Ritualen und schöner Beleuchtung im warmen Haus gemütlich. Nie riechen Duftkerzen, Plätzchen und Tannennadeln besser als jetzt. Und nie lässt es sich bei Kerzenschein schöner entspannen als jetzt. Im nördlichen Schweden, wo es an einem Wintertag kaum einmal wenige Stunden hell ist, ist der Stromverbrauch laut Statistik am höchsten – auch

weil man dort um den Wert der schönen Beleuchtung weiß. Lichterketten, Kerzen- oder Lampenschein, Lichtlaternen und -spiele verschönern auch Ihnen die Advents- und Winterzeit. Werden Sie erfinderisch und probieren Sie mit den Kindern aus, wie Sie den Gruppenraum besonders zum Strahlen bringen.

Was Weihnachten mit Licht zu tun hat

Um beim Beispiel Schweden zu bleiben: Hier feiern die Menschen am 13. Dezember traditionell ihr Lucia-Fest. Schon der Name Lucia kommt vom lateinischen Wort „lux" für Licht. Mit einem Lichter- oder Kerzenkranz auf dem Kopf und gekleidet in ein weißes Gewand geht Lucia auch heute noch auf Besuchsreise: Verkleidete Kinder treten so etwa in Kindergärten, Schulen oder Seniorenheimen auf, bringen Plätzchen und Hefegebäck und außerdem Licht und Freundlichkeit vorbei.

Erst ab Weihnachten nehmen die Tage wieder an Länge zu. Um das Hellerwerden sicherzustellen, ließen sich unsere Vorfahren eine Vielzahl von Zauberhandlungen, Ritualen, Beschwörungen und Feiern einfallen. Und vieles davon erleben wir noch heute in unserem Weihnachtsbrauchtum: Wir zünden Kerzen an, hängen Lichterketten auf, wir backen besonderes Gebäck (damals wie heute in den Formen von Sonne, Mond und Sternen), wir opfern und (be-)schenken und wir freuen uns auf das Fest an oder um Mittwinter, das Weihnachtsfest. Dass dieses Fest wirklich etwas ganz Besonderes war, das verrät auch noch der deutsche Namen Weihnachten: Geweihte Nächte waren nämlich die Rau(h)-Nächte zwischen den Jahren. Sie müssen nicht gläubig sein, um den Zauber, den diese Jahreszeit mit sich bringt, zu erleben. Mit den Ideen und Vorschlägen aus diesem Heft können Sie die (Vor-)Weihnachtszeit in Ihrer Kita und in Ihrer Gruppe zu einer besonderen Zeit machen: für sich selbst, für die Kinder und für die Familien.

Nikolaus, Nikolaus komm doch heut in unser Haus!

Wenn der Nikolaus zu Besuch in die Kita kommt, ist was los und Jung und Alt freuen sich. Seltsam, wie dieser Brauch auch ohne große Geschenke jedes Jahr aufs Neue Glanz und Freude in die Vorweihnachtszeit zaubert. Auf den folgenden Seiten finden Sie Ideen und Spiele für den Morgenkreis oder für zwischendurch: vom Fingerspiel bis zum Tanzlied – alles rund um den guten Mann im roten Mantel.

Der Nikolaus, der Nikolaus

Ein Finger- und Streichelgedicht für die Vorfreude

Freuen sich Ihre Kinder auch schon so auf den Nikolaus? Mit diesem lustigen Fingerspiel können Sie die Vorfreude noch steigern. Sie können es mit einem einzelnen Kind im persönlichen Kontakt durchführen oder die Kinder führen es als Paar mit wechselnden Rollen aus.

ab 1 Jahr

Der Nikolaus, der Nikolaus,
der wandert heut' zum Kita-Haus.

mit zwei Fingern auf das Kind zulaufen

Er muss einen steilen Berg hinauflaufen,
kommt dabei schon sehr ins Schnaufen.

mit den zwei Fingern am Arm des Kindes hinauflaufen

Dann klopft er an: „Poch, poch, poch, poch!"
Die Kinder schlafen alle noch?

mit dem Zeigefinger sanft auf die Schulter des Kindes klopfen

Er klingelt an der Tür, juhu,
füllt leck're Sachen in die Schuh'.

am Ohrläppchen zupfen, in die Hände klatschen

Wer stapft denn da durch Eis und Schnee?

Ein Mitmachgedicht mit viel Bewegung

Ein bisschen Bewegung schadet nie: Zum Wachwerden oder zum Aufwärmen eignet sich dieses kurze Bewegungsgedicht, bei dem alle Kinder in die Rolle des Nikolaus schlüpfen.

ab 2 Jahren

Wer stapft denn da durch Eis und Schnee?
Es ist der Nikolaus, oje!

auf der Stelle wandern und dabei mit den Füßen stampfen

Eisig kalt ist's heut' im Wald,
der Nikolaus zittert, ihm ist sehr kalt.

zittern und nachmachen, wie es ist, wenn man friert

Er stampft mit den Füßen auf und ab,
klopft sich den Schnee vom Mantel ab.

stampfen, sich mit den Händen abklopfen

Dann bläst er seine Hände an,
wandert weiter und weiter voran.

in die Hände pusten, auf der Stelle gehen/wandern

Tschüss, du armer Nikolaus,
hoffentlich kommst du in unser Haus!

auf der Stelle gehen, winken

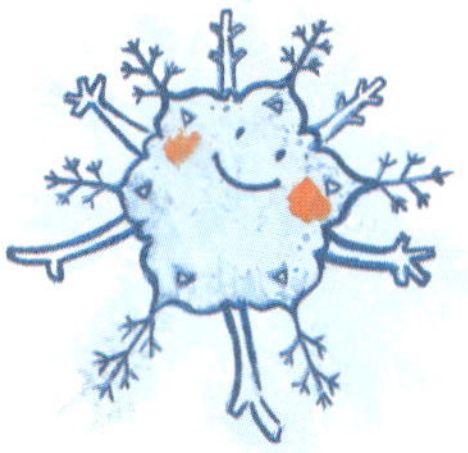

Wir freuen uns schon sehr auf dich
und heißen Tee gibt's sicherlich!

das Teetrinken nachstellen

Es ist an der Zeit

Ein Tanzspiel für die ganze Gruppe

Bei diesem Tanzspiel fördern die Kinder ganz natürlich und nebenbei soziale Grundfertigkeiten wie Solidarität und Empathie. Sie können es häufig und immer wieder von Neuem durchspielen, denn sicherlich will jedes Kind gern einmal der Nikolaus sein.

Das brauchen Sie

- **Einen Nikolausmantel oder -umhang**

ab 3 Jahren

Ein Kind aus der Gruppe ist der Nikolaus. Es schlüpft in das Nikolauskostüm und wartet etwas abseits oder auch vor der Gruppenraumtür, wenn es sich traut. Die anderen Kinder bilden einen Kreis und fassen sich an den Händen. Zum Liedtext schwingen sie mit den Händen oder Armen und singen zur Melodie von „Suse, liebe Suse, was raschelt im Stroh?“. Dann darf der Nikolaus pantomimisch oder echt an die Tür klopfen und wird in den Kreis gebeten. Die Kinder singen den Liedtext weiter. Der Nikolaus tanzt nun mit den Kindern gemeinsam im Kreis. Zu den beiden letzten Liedzeilen können die Kinder auch an den Händen gefasst im Kreis gehen. In der nächsten Spielrunde darf ein anderes Kind der Nikolaus sein.

Niklaus, lieber Niklaus,
jetzt ist's bald so weit:
Du klopfst an unsrer Türe,
es ist an der Zeit.
Komm rein und tanz mit uns und
bleib nicht allein,
dann tanzen alle Kinder, ob groß
oder klein.

Fünf kleine Raben

Ein Hand- und Fingerspiel für die Nikolauszeit

Die fünf frechen Raben aus diesem Finger- und Handspiel spielen dem Nikolaus einen kleinen Streich: Erst ärgern sie ihn, dann fliegen sie einfach davon. Das Gekrächze von Rabenvögeln können die Kinder in dieser Jahreszeit auch in echt anhören, sobald sie nach draußen gehen.

ab 2 Jahren

Fünf kleine Krächze-Raben
hocken auf 'nem Baum.

die Hand hochhalten und den Ellenbogen auf dem Tisch oder Oberschenkel abstützen

Unten läuft der Nikolaus,
der sieht sie aber kaum.

mit zwei Fingern der anderen Hand über die Tischplatte laufen

Da fangen die Raben an zu krächzen,
dass die Zweige und Äste ächzen.

laut krächzen und mit den Fingern wackeln

Der Nikolaus klettert am Baum hinauf,
da fliegen die Raben lieber auf.

mit den Fingern der anderen Hand am „Baum" hinaufklettern, pusten und die Finger zur Faust einziehen

Der Nikolaus lacht lustig und munter
und rutscht am Baum wieder hinunter.
Platsch!

die Nikolaushand auf den Tisch oder Oberschenkel fallen lassen

Nikolausjagd

Eine Bewegungsgeschichte mit Überraschung

In diesem Bewegungsabenteuer begeben sich die Kinder auf die Suche nach dem Nikolaus. Dabei können sie verschiedene Bewegungsarten ausprobieren. Zum Schluss finden die Kinder den Nikolaus zwar nicht, aber dafür hat er ihnen eine Überraschung dagelassen.

ab 3 Jahren

Das brauchen Sie

- **Eine kleine Belohnung für die Kinder, etwa ein Körbchen mit Mandarinen, einen Teller mit Plätzchen oder Keksen und / oder einen vorher vorbereiteten Brief vom Nikolaus.**

Bevor Sie starten, verstecken Sie die Überraschung für die Kinder an einem geheimen Ort oder stellen sie einfach vor der Gruppenraumtür ab. Falls Sie eine Karte oder einen Brief vom Nikolaus gestalten möchten, so könnte darauf stehen:

Liebe Kinder,
leider habt ihr mich nicht treffen können.
Aber ich habe trotzdem etwas Schönes für euch: Lasst es euch schmecken!
Euer Nikolaus

Dann kann es schon losgehen. Versammeln Sie die Kinder in einem lockeren Stehkreis:
Was glaubt ihr wohl, wie es jetzt um diese Jahreszeit nachts im Wald ist? Ja, richtig, ganz furchtbar dunkel und kalt. Brrr!

sich die Arme reiben, zittern und mit den Füßen stampfen wie beim echten Frieren

Habt ihr Lust, den Nikolaus zu suchen und dabei durch den Abenteuerwald zu streifen? Schnell schlüpfen wir in unsere Superthermoanzüge, die extrem warm halten. Jetzt kommt, leise! Psst!

die Kinder dazuwinken, das Anziehen pantomimisch nachstellen und auf der Stelle gehen/wandern, dabei ganz leise sein, die nächsten Zeilen flüstern

So, hier sind wir schon: Das hier ist der Riesenwald. Der Nikolaus muss hier durchkommen, aber hier ist keine Spur von ihm. Dafür kommt ein Riese angestapft, schnell, versteckt euch!

die Kinder machen sich ganz klein oder suchen sich ein Versteck

Ist er weg? Dann schnell weiter. Hier wohnt die Hexe Huckelbuckel, gebt acht, dass sie euch nicht hört. Geht ganz leise, schleicht so leise ihr könnt!

schleichen und dabei ganz leise sein

Ach, jetzt sind wir schon am Gurgelfluss. Hier wimmelt es nur so vor Kraken und hungrigen Riesenfischen, wir machen einen ganz großen Sprung ans andere Ufer!

einen großen Sprung machen

Jetzt schnell, wir rennen ein Stück!

auf der Stelle laufen oder rennen

Haaaalt! Jetzt sind wir schon da. Und hier müsste der Nikolaus irgendwo Station machen und sich ausruhen. Weil aber auch die Elfen in diesem Wald wohnen, darf man hier nicht normal gehen, sondern man bewegt sich fort, indem man tanzt oder schwebt. Könnt ihr das?

die Kinder tanzen ganz sanft und elfenartig oder stellen das Schweben nach

Hier ist er auch nicht, der Nikolaus. Dann hilft es nichts, wir müssen durch den Schlupflurchteich schwimmen. Aber leise, denn die Schlupflurche mögen es nicht, wenn man sie stört!

alle legen sich auf den Bauch und machen Schwimmbewegungen, alternativ können die Kinder auch nur mit den Armen Schwimmbewegungen machen und mit den Beinen einfach gehen

Am anderen Ufer ruhen wir kurz aus. Hier ist keine Spur vom Nikolaus, aber dafür haben wir tolle Abenteuer erlebt. Mit einem Wichtelflugzeug fliegen wir lieber wieder zurück in die Kita. Steigt alle ein und los geht es.

einige Runden mit ausgebreiteten Armen durch den Raum „fliegen"

So, da sind wir wieder zurück. Als Erstes ziehen wir unsere Anzüge aus.

das Ausziehen pantomimisch nachmachen

Schade, dass wir den Nikolaus nicht gefunden haben, aber was ist denn das? Hat es da nicht geklopft? Schaut mal nach, wer das ist!

die Kinder die Überraschung vor der Tür finden lassen

Sterne fangen

Ein Kreisspiel gegen die Zeit

Geschicklichkeit und Teamwork sind bei diesem Kreisspiel gefragt. Außerdem kommt es auch auf Konzentration an, denn hier treten die Kinder gegen die Uhr an.

ab 3 Jahren

Das brauchen Sie

- **Einen kleinen Nikolaussack**
- **Für jedes Kind einen Strohstern**
- **Eier- oder Küchenuhr**

Der Nikolaus hat unterwegs seine Strohsterne verloren. Jetzt muss er sie ganz schnell wieder einsammeln. Ob die Kinder ihm dabei wohl helfen können? Alle Kinder suchen sich einen Strohstern aus Ihrer Sammlung aus. Setzen Sie sich mit den Kindern in einen Sitzkreis. Stellen Sie die Küchenuhr auf etwa zwei Minuten und geben Sie dem Kind neben Ihnen den Nikolaussack in die Hand. Das Kind legt seinen Stern in den Sack und gibt ihn weiter an den Nachbarn neben sich. Schaffen es die Kinder in der auf der Eieruhr eingestellten Zeit, den Sack weiterzugeben und jeweils ihren Strohstern in den Sack zu legen? Wenn der Sack wieder bei Ihnen ankommt, bevor die Uhr abgelaufen ist, haben es die Kinder geschafft. Klingelt die Uhr vorher, können die Kinder ihr Glück in einer weiteren Runde versuchen. Sollte die Zeit zu knapp oder zu lang sein, passen Sie sie so der Gruppengröße an, dass das Spiel spannend bleibt und die Kinder sich beeilen müssen.

Sechserhaus, Nikolaus!

Ein Kreisspiel mit Spaß und Spannung

ab 5 Jahren

Aufpassen, hier kommen Spannung und Lachen in die Kinderrunde. Bei diesem Spiel sind Schnelligkeit, Geschicklichkeit und Teamwork gefragt. Ein sportliches Spiel, bei dem es auch einmal lauter werden darf.

Das brauchen Sie

- **Einen großen Schaumstoffwürfel**
- **Eine Nikolausmütze**
- **Große Hausschuhe**
- **Eine Schachtel mit etwa sechs Strohsternen**
- **Eine leere Schachtel**
- **Nach Wunsch: Eier- oder Stoppuhr**

Versammeln Sie sich mit den Kindern in einem Sitzkreis. In die Mitte kommen die leere Schachtel, die Hausschuhe und die Nikolausmütze. Die Schachtel mit den Strohsternen steht etwas außerhalb des Kreises. Im Kreis würfeln die Kinder reihum. Wer die erste Sechs würfelt, ruft laut: „Sechserhaus, Nikolaus!" und ist als erstes der Nikolaus. Dieses Kind kommt in die Kreismitte, zieht die Nikolausmütze und die Schuhe an und rennt so schnell es mit den Hausschuhen geht zur Schachtel mit den Strohsternen, nimmt einen Strohstern heraus und rennt zurück zur leeren Schachtel, in die es den Stern legt. In der Zwischenzeit würfeln die anderen Kinder schon weiter. Wer eine Sechs würfelt, ruft wieder laut: „Sechserhaus, Nikolaus!" und rennt zum Nikolauskind, um von ihm die Nikolaussachen zu bekommen und nun selbst anzuziehen. Strohsterne, die noch nicht in der Schachtel in der Kreismitte gelandet sind, müssen wieder zurückgelegt werden. Würfeln die Kinder keine Sechs, darf der Nikolaus so lange Strohsterne (immer nur einen pro Lauf) in die Schachtel transportieren, bis er abgelöst wird. Das Spiel ist zu Ende, wenn alle Strohsterne die Schachtel gewechselt haben.

Spannender wird das Spiel, wenn zwei Nikolausteams gegeneinander antreten. Dann benötigen Sie vier Schachteln (zwei Schachteln pro Team). Welches Team hat seine Schachtel als erstes mit Strohsternen gefüllt? Sie können auch eine Stopp- oder Eieruhr stellen, vor deren Ablauf die Kinder die Strohsterne eingesammelt haben müssen.

Variation

Wenn Sie länger spielen möchten oder bei größeren Gruppen können Sie statt der sechs auch mehr Strohsterne in die Schachteln legen und so die Spieldauer anpassen. Ermutigen Sie die Kinder auch, sich selbst weitere oder andere Spielregeln zu überlegen!

Der Nikolaus sucht seinen Strumpf

Ein Nikolaustheaterstück

ab 2 Jahren

Für dieses Theaterstück benötigen Sie nur einen Erzähler/ eine Erzählerin und viele Kinder. Und vielleicht eine Kollegin, die hinter der Bühne das Verteilen der Requisiten übernimmt. Kostüme? Sie brauchen nur ein Nikolauskostüm. Und schon kann es losgehen.

Rollen

- **Viele Kinder**
- **Nikolaus**

Requisiten

- **Einen Nikolausteller**
- **Einen großen Nikolausgeschenkestrumpf**
- **Einen anderen Kinderschuh**
- **Einen Kinderstiefel**
- **Eine Nikolaustüte**
- **Eine Kindersocke mit Streifen/Ringeln**
- **Ein Babysöckchen**
- **Eine Damenstrumpfhose aus Nylon**
- **Eine Sportsocke in bunten Farben**
- **Zwei Körbchen zum Aufbewahren der Requisiten**

Auf der Bühne sitzt der Nikolaus in einem Sessel oder auf einem Stuhl. Er trägt nur einen Strumpf und seine Stiefel stehen neben ihm auf dem Boden. Er lässt den Kopf hängen oder vergräbt ihn in den Händen. Ganz vorne auf der Bühne sitzen die Kinder. Sie halten leere Teller, Stiefel, Schuhe und Geschenktüten in der Hand.

Erzähler

Der Nikolaus hat in der Nikolauszeit natürlich viel zu tun. Er läuft von Tür zu Tür, bringt Geschenke, füllt Strümpfe, Teller, Schuhe und Stiefel, füttert die Waldtiere, verteilt Mandarinen und Nüsse … Dieses Jahr allerdings warteten die Kinder vergeblich auf den guten Nikolaus. Teller blieben leer,

ein Kind, das einen leeren Teller hält, steht auf, zuckt mit den Schultern und verlässt die Bühne

Strümpfe wurden nicht gefüllt,

ein Kind, das einen Strumpf in der Hand hält, steht auf, lässt den Kopf hängen und geht von der Bühne

keine einzige Nuss in den Schuhen,

ein Kind mit einem Schuh in der Hand stampft zornig von der Bühne

kein Lebkuchen in den Stiefeln,

ein Kind mit einem Stiefel in der Hand geht von der Bühne

keine Schokolade in den Nikolaustüten.

ein Kind mit leerer Nikolaustüte hält die Tüte umgekehrt hoch, um zu sehen, ob nicht doch etwas herausfällt, und verlässt dann die Bühne

Woran das lag? Der Nikolaus war nicht gut gelaunt. Genauer gesagt war er ziemlich verzweifelt. Er saß in seinem Häuschen, starrte auf den Boden und seufzte.

Nikolaus starrt auf den Boden und seufzt laut

Und der Grund dafür war: Der Nikolaus konnte seinen anderen Strumpf nicht finden.

Nikolaus hebt den nackten Fuß, um ihn zu zeigen

Dieses Problem kannten die Kinder aus der Kita (Namen der Kita einfügen) gut. Sie kamen direkt, um dem Nikolaus zu helfen. Ob das der richtige Strumpf war?

ein Kind kommt auf die Bühne, einen geringelten Kinderstrumpf in der Hand, den es dem Publikum und dann dem Nikolaus zeigt; der Nikolaus schüttelt den Kopf, das Kind läuft wieder von der Bühne

Oder das?

ein anderes Kind kommt mit einem Babysöckchen in der Hand auf die Bühne, weiter wie oben

Oder dieser Strumpf?

ein Kind kommt mit einer Damenstrumpfhose aus Nylon in der Hand auf die Bühne, weiter wie oben

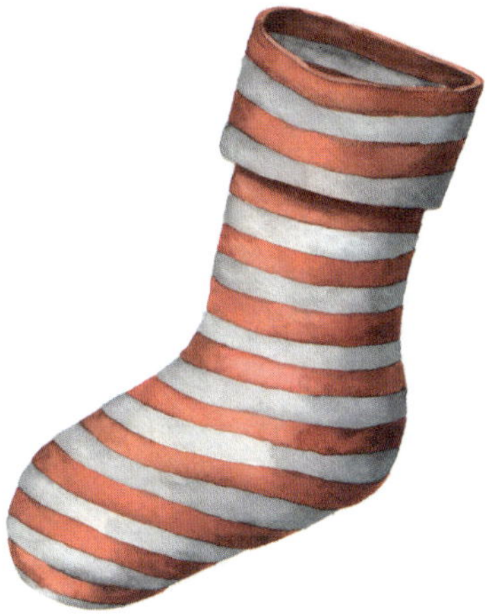

Oder etwa dieser?

ein Kind kommt mit einer knallig bunten Sportsocke auf die Bühne, weiter wie oben

Keiner konnte den Strumpf finden. Der Nikolaus wurde immer verzweifelter. Vor Wut trat er gegen seine Schuhe und siehe da: Der vermisste Strumpf steckte im Stiefel!

Nikolaus tritt gegen die Schuhe, sieht den Strumpf, zieht ihn heraus und zeigt ihn dem Publikum

Da sieht man mal wieder, dass das Gute oft ganz nah liegt. Der Nikolaus zog schnell Schuhe und den Strumpf an und was glaubt ihr, was dann passierte? Genau, der Nikolaus füllte alle Teller, Schuhe, Strümpfe, Socken, Körbchen, Tüten und auch aus Versehen einige Salatschüsseln, Blumenvasen und sogar eine Gießkanne. Und vielleicht bringt er auch euch in diesem Jahr noch eine Kleinigkeit vorbei.

der Nikolaus zieht Strumpf und Stiefel an, jubelt und stampft von der Bühne. Der Erzähler verbeugt sich. Im Anschluss können die Kinder an ihre Eltern kleine Strümpfe oder Nikolausstrümpfe mit Süßigkeiten verteilen

Nikolausstiefelchen

Leckere Nikolauskekse für Schlemmerfreunde

Für die Nikolauszeit dürfen es auch einmal etwas süßere Plätzchen sein. Mit diesen kleinen Schokostiefeln zum Knuspern machen Sie den Kindern eine große Freude und die Kinder können schon kräftig mithelfen.

ab 4 Jahren

Das brauchen Sie

- **370 g Mehl**
- **2 TL Kakaopulver**
- **½ TL Backpulver**
- **250 g Butter**
- **120 g Zucker**
- **1 Eigelb**
- **½ TL Zimtpulver**
- **100 g Puderzucker**
- **2 EL Zitronensaft**
- **Bunte Zuckerperlen**

Mehl, Kakao und Backpulver in einer großen Schüssel vermischen. Die Kinder schneiden die Butter in kleine Stückchen und geben sie dazu, dann den Zucker, das Eigelb und den Zimt dazugeben und alles zu einem Teig verkneten. Aus dem Teig stechen die Kinder mit einem Stiefel-Ausstecher viele kleine Nikolausstiefel aus. Alle Stiefel auf mit Backpapier ausgelegte Bleche geben, bei 200 °C (Umluft 180 °C) etwa zehn Minuten backen. Auskühlen lassen.
Den Puderzucker mit dem Zitronensaft verrühren. Die Stiefel mit dem breiten Ende in den Zuckerguss tunken und danach kurz in den Zuckerstreuseln wälzen. Trocknen lassen.

Ein Geschenk für den Fuchs

Eine Aufpassgeschichte für Spitzohren

ab 4 Jahren

In dieser Geschichte müssen die Kinder gut die Ohren spitzen, denn immer wenn in der Geschichte das Wort Nikolaus fällt, springen sie auf, rufen laut „Nikolaus" und nehmen dann wieder Platz. Am besten eignet sich die Geschichte, um wieder Schwung in müde Kinderrunden zu bringen. Nebenbei trainieren die Kinder hierbei auditive Wahrnehmung und Aufmerksamkeit.

Der Nikolaus hatte es heute wieder einmal ziemlich eilig. Er wollte gern einen Kindergarten besuchen, aber schon wurde es dunkel und er hatte noch einen weiten Weg vor sich. Er zog seine Nikolausmütze tiefer ins Gesicht, denn der Wind war kalt und seine Ohren waren schon ganz rot.

„He, Nikolaus!", rief da ein Fuchs, der im Gebüsch gewartet hatte. „Bekommen auch Füchse etwas vom Nikolaus geschenkt?"

Der Nikolaus machte verwundert halt und kratzte sich an seinem Bart.

„Füchse? Äh …", der Nikolaus kramte in seinem Sack. „Willst du vielleicht eine schöne Orange?"

„Nein danke, igitt!", der Fuchs schüttelte den Kopf.

Der Nikolaus beugte sich wieder über seinen Sack.

„Dann vielleicht einen Lebkuchen?"

„Was, einen Klebkuchen? Nein, auch nicht!"

Jetzt war der Nikolaus doch ein bisschen ratlos.

„Ein Puzzle?"

„Seh ich so aus, als ob ich puzzeln könnte?"

Der Nikolaus war schon ganz verzweifelt. Was schenkte man als Nikolaus einem Fuchs zum Nikolaustag?

Dem Fuchs wurde es inzwischen etwas kalt, wie er da so still im Schnee wartete. Das sah der Nikolaus – und hatte eine Idee. Er schenkt dem Fuchs ein paar dicke Strümpfe aus kuscheliger Wolle. Der Fuchs betrachtete erstaunt seine Pfoten, die nun gar nicht mehr kalt waren.

„Na, das ist ja ein tolles Nikolausgeschenk!", wunderte sich der Fuchs. „Vielen Dank auch, lieber Nikolaus!"

Und so kam der Nikolaus doch noch rechtzeitig im Kindergarten an. Und wenn ihr einmal einen Fuchs mit Socken seht, dann wisst ihr ja jetzt, woher der Fuchs sie hat.

Ideenseite

Füllideen für Nikolaustütchen

Bekommen die Kinder in der Kita eine kleine Geschenktüte oder ein Säckchen mit kleinen Überraschungen zum Nikolaus? Hier finden Sie Ideen zum Füllen: für Schlemmermäulchen, zum Spielen oder einfach zum Freuen.

Meine eigene Deko-Schachtel

Füllen Sie für jedes Kind eine kleine Schachtel mit einem Strohstern, einer Mini-Baumkugel und einem kleinen Weihnachtsanhänger. Diese Dekorationsartikel können die Kinder zu Hause am Fenster, am Adventskranz oder später am Weihnachtsbaum aufhängen. Sie können aber auch das Kinderzimmer schmücken, etwa an einem Tannenzweig aufgehängt. Ein erster eigener Adventsschmuck.

Lebkuchen-Schnitten

Viele Lebkuchen für viele Kinder? Backen Sie Lebkuchen einfach auf einem großen Blech. Dann in Stücke schneiden und stückweise verpacken. So bekommt jedes Kind einen Lebkuchen ab.
Für den Teig 350 g Mehl, 300 g Zucker, 150 g kandierte, gehackte Früchte nach Wahl, 100 g gemahlene Haselnüsse, 2 TL Lebkuchengewürz, 1 Pck. Backpulver, 250 ml Milch, 150 g zerlassene Butter, 2 EL Honig und 4 Eier in einer großen Schüssel verrühren. Die Masse auf ein mit Backpapier ausgelegtes Backblech gießen und 20 Minuten bei 200 °C backen. Auskühlen lassen und in Stückchen schneiden. Nach Wunsch können Sie die Lebkuchen noch mit Zuckerguss und Mandeln verzieren.

Glückssteine

Ein Halbedelstein für jedes Kind? Im Set bestellt sind solche Steine gar nicht so teuer. Tigerauge, Amethyst, Rosenquarz und Moosachat bekommen Sie schon relativ günstig, beispielsweise im Onlinehandel. Verpackt in ein kleines Stoffsäckchen ein ganz besonderes Geschenk.

Advent und Weihnachten mit den Familien

Ein Adventsbasar, auf dem Sie Spenden für die Kita sammeln, ein gemeinsamer Ausflug in den Winterwald oder ein Theaterstück in der weihnachtlich geschmückten Kita: Jetzt in der Vorweihnachtszeit gibt es viele schöne Anlässe, um gemeinsam mit den Familien zu feiern, zu schlemmen und sich besser kennenzulernen. Auf den nächsten Seiten finden Sie gemütliche Ideen für Familien- oder Elterntage.

Advent im Wald

Ein Ausflug zu den Waldtieren

ab 3 Jahren

Gemeinsam mit den Familien durch den winterlichen Wald zu stapfen kann Riesenspaß machen. Diesen Ausflug, bei dem Sie Fressen für die Wildtiere auslegen, müssen Sie allerdings mit dem zuständigen Förster und/oder Jäger absprechen. Wenn Sie schon dabei sind, fragen Sie nach fachkundiger Begleitung. Fragen Sie früh genug an, denn jetzt zu Beginn des Winters haben gerade Förster viel zu tun.

Das brauchen Sie

- **Meisenknödel**
- **Rosskastanien, Eicheln**
- **Haselnüsse mit Schale**
- **Möhren**
- **Saaten, Flocken- und Körnermischungen (etwa Sonnenblumenkerne, Weizen- und Haferflocken, Leinsamen, Maiskörner)**

Außerdem:

- **Mehrere Thermoskannen**
- **Becher**
- **Plätzchen**
- **Taschenlampen**

Für diesen Ausflug können Sie gemeinsam mit den Eltern planen und vorbereiten. Bitten Sie die Eltern beispielsweise um Spenden von Plätzchen, Muffins oder Brezeln. Sie selbst bereiten mehrere Thermoskannen mit Tee vor und packen alles gemeinsam mit den Taschenlampen in Rucksäcke. Weisen Sie alle auf die entsprechende Kleidung hin: warme, bequeme Wanderschuhe, dicke Jacken, Schals und Handschuhe, alles am besten regendicht.

Treffen Sie sich mit den Familien am frühen Vormittag, auf diese Weise kommen Sie in der Dämmerung zurück und genießen die besondere abendliche Stimmung im Wald.
Suchen Sie sich in Absprache mit dem Förster im Wald einen oder mehrere Plätze, an denen Sie das Futter für die Tiere auslegen. Meisenknödel können Sie auch in den Bäumen aufhängen. Anschließend genießen Sie gemeinsam den heißen Tee und lassen sich die Plätzchen schmecken.

Mini-Weihnachtsbäumchen erfinden

Friesenbäume für den Weihnachtsmarkt

ab 4 Jahren

Kennen Sie auch die kleinen dreieckigen Bäumchen, die man in der Vorweihnachtszeit häufig an Fenstern leuchten sieht? Sie könnten solche Bäumchen einfach als Rohlinge fertig einkaufen und mit den Kindern und Eltern schmücken. Sie könnten aber auch einfach ganze Bäumchen selbst bauen.

Material

- **Pro Bäumchen einen Rundstab (Durchmesser ungefähr 1 cm, Länge etwa 50 cm)**
- **Pro Bäumchen drei Rundstäbe mit etwa 0,25 bis 0,5 cm Durchmesser**
- **Pro Bäumchen sechs Holzperlen (sollten auf die dünneren Rundstäbe passen)**
- **Bastelkleber**
- **Holzleim**
- **Nach Wunsch: Heißklebepistole**
- **Nach Wunsch: Holzplatten (je 15 × 15 cm, mindestens 2 cm dick)**
- **Material zum Schmücken und Verzieren in Auswahl: Schleifenbänder, Lametta, Weihnachtsbaumanhänger, Mini-Weihnachtsbaumkugeln, getrocknete Zitronen-, Mandarinen- und Orangenscheiben**
- **Bastelschnur**

Zusätzliche Werkzeuge:

- **Kleine Holzsäge oder Laubsäge**
- **Bohrmaschine**
- **Schmirgelpapier**

Als Erstes den „Stamm" herstellen: Dazu den dicken Rundstab auf die gewünschte Länge hin kürzen (beispielsweise auf 50 cm). In gleichen Abständen drei Löcher durch den Stab bohren. Die drei dünneren Rundstäbe auf drei unterschiedliche Längen kürzen. Den längsten durch das unterste Loch führen, den mittleren durch das in der Mitte, den kürzesten durch das obere Loch stecken, sodass die typische Dreiecks- oder Tannenform entsteht. Auch möglich: Sie bohren die Löcher so, dass sie kreuzweise versetzt liegen. Dann stehen die „Äste" nicht direkt übereinander, sondern etwa sternförmig. In die viereckige Bodenplatte ein Loch bohren und den Stamm einstecken. An die Enden der Äste Holzperlen stecken. Zusätzlich können Sie alle Stecklöcher noch mit Holzleim, Bastel- oder Heißkleber bestreichen und den Baum so haltbarer gestalten. Den Klebstoff gut trocknen lassen – am besten über Nacht.

Am nächsten Tag dürfen die Kinder ihren Baum schmücken, beispielsweise indem sie kleine Baumkugeln oder andere Anhänger an die Äste hängen. Auch Schleifen an den Ästen sehen schön aus. Hierbei können Sie den Kindern nach Wunsch helfen. Auch ein Band, das sich von oben nach unten um den Baumstamm ringelt, ist hübsch. Kekse mit Loch, Lebkuchen, getrocknete Orangenscheiben oder Sternanis können ebenfalls aufgehängt werden. Ebenso passen selbst gefilzte Kunstwerke, aus Pappe oder Papier ausgeschnittene Motive, Perlen, Lametta oder Nüsse an den Baum.

Ein Stern für dich

Weihnachtliche Anhänger als Geschenk

ab 3 Jahren

Ein kleines Weihnachtsgeschenk oder ein Geschenkanhänger, Schmuck für den Weihnachtsbaum oder doch lieber eine Fensterdekoration? Diese kleinen Sternchen aus selbsthärtender Knetmasse eignen sich für viele Gelegenheiten. Überreicht mit einem kleinen Spruch können diese Sternchen auch ein Programmpunkt bei der Weihnachtsfeier werden.

Das brauchen Sie

- **Selbsthärtende Knet- oder Modelliermasse**
- **Backrollen**
- **Sternausstecher in verschiedenen Größen**
- **Schaschlikspieße**
- **Bastelfarben (Wasser- oder Acrylfarben)**
- **Pinsel**
- **Klarlack**
- **Nach Wunsch: Glitterfiguren**
- **Geschenkbändchen**

Die Kinder rollen kleine Stücke von der Knetmasse aus und stechen Sterne aus. Alle ausgestochenen Motive bekommen mit dem Schaschlikspießchen ein Loch und müssen dann mindestens zwei Tage trocknen. Danach können die Kinder die Bäume und Sterne bemalen. Solange die Farbe noch flüssig ist, können die Kinder außerdem Glittermotive, etwa kleine Herzen, Sternchen oder Elche, auflegen und ankleben lassen. Sie selbst übernehmen die Aufgabe, alle Motive draußen im Freien mit Klarlack zu übersprühen oder zu bepinseln. Erneut mindestens ein oder zwei Tage trocknen lassen. Durch das Loch nun das Geschenkbändchen ziehen und fertig sind kleine Anhänger für viele Gelegenheiten.

Mit einem Spruch kann auf der Weihnachtsfeier jedes Kind seinen Eltern oder Großeltern nun seinen Anhänger überreichen. Zu leiser Weihnachtsmusik können Sie gemeinsam den Spruch sprechen, während immer ein Kind zu seiner Familie geht und das Geschenk überreicht:

Von Herzen schenk ich dir / euch 'nen Stern,
er sagt, er leuchtet für dich / euch gern.

Frohe Weihnachten

Ganz schnelle Selbstmach-Grußkarten

ab 4 Jahren

Papierreste, bunte Klebestreifen und Goldsternchen: Viel mehr brauchen Sie nicht, um im Handumdrehen schicke Weihnachtskarten mit den Kindern zu gestalten.

Das brauchen Sie

- **Grußkartenrohlinge in Rot oder Dunkelgrün (ersatzweise Tonkarton in DIN-A4, quer in der Mitte gefaltet)**
- **Klebstoff**
- **Scheren**
- **Farbiges Klebeband mit Mustern oder Weihnachtsmotiven (ebenfalls in Rot- und Grüntönen)**
- **Papierreste oder Geschenkpapierreste, uni oder gemustert in Rot- und Grüntönen**
- **Rote und grüne Knöpfe**
- **Klebesternchen in Gold**
- **Goldstift**

Bereiten Sie zunächst gemeinsam mit den Kindern die Grußkarten vor, falls Sie keine Rohlinge zur Hand haben. Die Innenseiten können Sie mit den Kindern später mit Ihrem Text beschriften, die Vorderseite (Aufklappseite) gestalten die Kinder selbst.

Idee 1: Weihnachtstorte

Ganz unten auf die Karte kleben die Kinder quer einen langen Klebestreifen, darüber einen etwas kürzeren und so weiter, bis eine Torte mit fünf bis sieben „Stockwerken" gestaltet ist. Der oberste Streifen kann ganz kurz werden. Ganz oben auf die Torte noch ein Goldsternchen kleben.

Idee 2: Tannenbaum

Schneiden Sie mit den Kindern aus Geschenkpapier oder Tonpapier Dreiecke in verschiedenen Größen aus. Das größte Dreieck kommt mit der langen Seite nach unten ganz nach unten auf die Karte, dann kommt das nächstkleinere Dreieck darüber, dann so weiter, bis etwa drei bis fünf Dreiecke übereinandergeklebt sind. Die Dreiecke können sich dabei auch leicht überlappen. Ganz oben auf die Spitze des so entstandenen Tannenbaums kommt wieder ein Goldsternchen.

Idee 3: Weihnachtskugel

Die Kinder zeichnen mit einem Lineal eine Linie auf die Kartenvorderseite. Mit dem Goldstift fahren sie sie nach. Am Ende der Linie einen Knopf aufkleben. Zwischen Knopf/Kugel und Linie können die Kinder eine Schleife oder einen Verschluss aufmalen. Statt aus Knöpfen können die Kinder die Kugeln auch aus Kreisen gestalten, die sie aus Geschenkpapier ausgeschnitten haben.

Frohe Weihnachten II

Schnelle Grußkarten mit Selbstmach-Stempeln

Keine Lust auf Malen? Die selbst gemachten Weihnachtskugelstempel nehmen den Kindern die Arbeit ab. Auf diese Weise können Sie viele Karten auf einmal herstellen: ganz schnell und mit viel Spaß.

ab 4 Jahren

Das brauchen Sie

- **Moosgummi**
- **Klebstoff**
- **Korken**
- **Scheren**
- **Einen kleinen Becher**
- **Bleistifte**
- **Finger- oder Acrylfarben in Rot und Grün**
- **Weißes Malpapier**
- **Kartenrohlinge in Rot und Grün (ersatzweise rotes und grünes Tonpapier in DIN-A4 oder Tonkarton, in der Mitte gefaltet)**

Den Becher umgestülpt auf das Moosgummi stellen und mit dem Bleistift umfahren. Auf diese Weise mindestens neun bis zwölf gleich große Kreise aufmalen und ausschneiden. Immer drei Kreise aufeinanderkleben. Eine Seite ist die Stempelseite, auf der anderen Seite des Dreierpacks den Korken als Griff aufkleben. Mit diesem Stempel entstehen einfarbige Kugeln, wenn die Kinder ihn in einer einzigen Farbe anmalen. Noch mehr Ideen folgen hier:

Idee 1: Streifenlook

Für einen Streifenlook können die Kinder einen noch freien Kreis beispielsweise in drei Streifen schneiden. Nun die Streifen an der Längsseite jeweils ein kleines bisschen kleiner/schmaler schneiden. Dann die Teile auf die Stempelunterseite kleben, sodass kleine Abstände dazwischen bleiben. Die Kinder bemalen die Streifen unterschiedlich in Rot und Grün und stempeln auf das Malpapier, sodass viele schöne Streifenkugeln entstehen. Für eine Karte können die Kinder entweder direkt auf die Kartenvorderseite stempeln oder sie schneiden eine fertig gestempelte Kugel aus und kleben sie auf. Die Kinder können nach eigenen Ideen weitere Streifenlook-Stempel anfertigen mit unterschiedlich großen Streifen.

Idee 2: Mustermix

Für einen Mustermix bemalen die Kinder einen Stempel mit bunten Tupfen. Beim Stempeln verlaufen die Farben und es ergeben sich lustige Muster.

Noch mehr Ideen

Die Karten sehen toll aus, wenn Sie auch kleinere Stempel herstellen und überall auf der Vorderseite verteilt kleine Weihnachtskugeln aufstempeln. Auf die gleiche Weise können Sie beispielsweise auch ihr eigenes Geschenkpapier gestalten, indem Sie Packpapier bestempeln.

Unsere Weihnachtsmarmelade

Eine Geschenk- oder Verkaufsidee mit Duft

ab 4 Jahren

Mmh, lecker: Jetzt kommt Weihnachten aufs Frühstücksbrot. Diese Weihnachtsmarmelade können Sie mit den Kindern selbst einkochen. Die Kinder können gut dabei helfen. Die fertige Marmelade hält sich in sauberen Einmachgläsern luftdicht verschlossen ungefähr ein Jahr. Die Marmelade können die Kinder auch prima auf dem Adventsbasar verkaufen.

Das brauchen Sie

Für etwa acht Gläser à 200 ml:

- **8 Orangen**
- **4 Bio-Orangen**
- **8 Sternanis**
- **1 kg Gelierzucker**
- **Nach Wunsch: Ein haselnussgroßes Stück Ingwer**

Die Orangen auspressen und den Saft in einen Topf geben. Die Bio-Orangen heiß abwaschen. Mit einem Zestenreißer oder einer Küchenreibe raspeln die Kinder die äußere Schale ab. Die Schale zum Orangensaft in den Topf geben. Sie selbst übernehmen folgende Aufgabe: Die Bio-Orangen filetieren, indem Sie an den weißen Trennwänden entlang schneiden. Die so gewonnenen Orangenfilets zur Seite legen.
Zum Orangensaft und den Schalenraspeln im Topf geben die Kinder den Gelierzucker und den Sternanis. Während die Masse nun sprudelnd köchelt (mindestens vier Minuten lang), rühren Sie immer wieder um und bereiten die Gläser vor. Kurz vor Ende der Garzeit geben Sie die Filets zu und lassen alles noch einmal zwei Minuten köcheln. Dann die Masse in die Gläser füllen.

Noch mehr Ideen

Schärfer und würziger wird die Marmelade, wenn Sie frischen Ingwer raspeln und mit in die Masse geben. Auch Lebkuchengewürz passt noch gut dazu. Vanilliger wird die Marmelade, wenn Sie eine Vanilleschote längs aufschneiden, das Mark mit in die Masse geben und auch die Schote selbst mitkochen. Vor dem Abfüllen der Gläser können Sie die Schote herausnehmen. Die Anissternchen können in der Marmelade bleiben, denn sie sehen im Glas sehr hübsch aus.

Der Weihnachtsmann und seine Wichtel

Ein Theaterstück mit Geschenken

ab 3 Jahren

Dieses kurze Theaterstück können die Kinder mit Ihrer Hilfe aufführen, ohne selbst sprechen zu müssen. Schüchterne Kinder können in der Gruppe der Weihnachtswichtel mitmachen, lebhaftere Kinder bekommen einen Einzelauftritt. Das Beste: Sie haben kaum Aufwand bei der Vorbereitung. Das Theaterstück eignet sich besonders dann, wenn die Kinder selbst gemachte Weihnachtsgeschenke an ihre Eltern überreichen möchten.

Das brauchen Sie

- Weihnachtsmannkostüm
- Wichtelkostüme (beispielsweise einfach Zipfel- oder Weihnachtsmannmützen und grüne T-Shirts)
- Viele Kinderschuhe und ein Paar sehr große Erwachsenenschuhe
- Einen Sack für den Weihnachtsmann, darin ein Paar Kinderschuhe
- Für jedes Wichtelkind ein Körbchen mit kleinen Süßigkeiten und Geschenken (verpackte leere Schachteln, Schoko-Nikoläuse, …)

Rollen

- Erzähler
- Weihnachtsmann
- Vier Kinder, die Schuhe bringen (Einzelauftritte)
- Wichtel in der Anzahl der restlichen Kinder

Der Weihnachtsmann bekommt den Sack mit dem einzelnen Paar Kinderschuhe. Der Erzähler führt in diesem Stück durch die gesamte Handlung. Sein Sprechtext ist im Folgenden farbig gedruckt:

Hallo, liebe Familien. Es ist kurz vor Weihnachten. Alle Kinder stellen ihre Stiefel und Schuhe hin, damit der Weihnachtsmann Süßigkeiten und kleine Geschenke hineinstecken kann.

Erzähler betritt die Bühne

Leon (oder Name eines Kindes aus der Gruppe einfügen) stellt seine Schuhe hin,

ein Kind aus der Gruppe kommt auf die Bühne, winkt und stellt ein Paar Schuhe gut sichtbar hin

Amelie (oder Name eines Kindes aus der Gruppe einfügen) stellt ihre Winterstiefel bereit,

ein weiteres Kind aus der Gruppe kommt auf die Bühne, winkt und stellt ein Paar Schuhe gut sichtbar hin

Luca (oder Name eines Kindes aus der Gruppe einfügen) bringt seine größten Schuhe, in die richtig viel hineinpasst,

das nächste Kind aus der Gruppe kommt auf die Bühne, winkt und stellt ein Paar große Erwachsenenschuhe gut sichtbar hin

Nele (oder Name eines Kindes aus der Gruppe einfügen) stellt auch ihre Schuhe hin.

das nächste Kind aus der Gruppe kommt auf die Bühne, winkt und stellt ein Paar Schuhe gut sichtbar hin

Und eigentlich müsste jetzt noch Lisa ihre Schuhe bringen. Wo ist sie nur? Lisa?

der Erzähler guckt sich suchend um

Na ja, jedenfalls stellen fast alle Kinder ihre Schuhe hin, damit der Weihnachtsmann sie mit schönen Sachen füllt. Und dann kommt die Nacht und die Kinder gehen schlafen. Und dann passiert es: Die Weihnachtswichtel, die Helfer vom Weihnachtsmann, kommen und füllen die Schuhe.

die Wichtelkinder kommen mit Körbchen voller Süßigkeiten auf die Bühne, die sie in die Schuhe stecken

Leon, Amelie, Luca und Nele bekommen feine Dinge in ihre Schuhe. Gut macht ihr das, ihr Wichtel. Schade, dass Lisas Schuhe nicht dabei sind.

Wichtel beenden ihre Aufgabe und klopfen sich die Hände ab

Und dann kommt der Weihnachtsmann und macht einen kurzen Check. Das Qualitätsmanagement übernimmt er immer selbst. Aber heute ist der Weihnachtsmann nicht zufrieden. Was stimmt denn nicht?

Weihnachtsmann kommt mit dem Sack auf die Bühne, betrachtete die gefüllten Schuhe und kratzt sich am Bart

Weihnachtsmann zum Erzähler: Da fehlen noch Schuhe. Ein Paar, ich glaube, das von Lisa!

Erzähler (geht zum Weihnachtsmann und kratzt sich am Kopf): Oje, was machen wir denn jetzt?

Weihnachtsmann: Das gibt es öfters mal. Wie gut, dass ich für solche Fälle immer ein Paar Ersatzschuhe dabeihabe, die ich füllen kann. So, das wäre geschafft!

Weihnachtsmann nimmt ein Paar Schuhe aus seinem Sack und die Wichtel kommen und füllen sie

Tja, tatsächlich: Das wär jetzt auch geschafft. Und so ziehen der Weihnachtsmann und seine Wichtel wieder weiter. Ab ins nächste Haus, in die nächste Kita oder auch zu Ihnen nach Hause. Tschüss, Weihnachtsmann, tschüss, ihr Wichtel!

Erzähler winkt dem Weihnachtsmann und seinen Wichteln zu, die nun die Bühne verlassen

Liebe Zuschauer, auch für Sie haben Weihnachtsmann und Weihnachtswichtel einige Geschenke dagelassen. Ihr Kind überreicht Ihnen nun ein selbst gemachtes kleines Geschenk. Begleiten wir alle Kinder mit dem Lied „O du fröhliche"!

im Folgenden können die Familien das Weihnachtslied singen, während die Kinder ihre Geschenke überreichen

Befana è qui

Eine Weihnachtsklanggeschichte zum Vorführen aus Italien

Befana ist da: In Italien bringt die Hexe oder Fee Befana die Geschenke zu den Kindern. Falls in Ihrer Kita Familien mit italienischen Wurzeln sind, lassen Sie doch einmal erzählen, wie genau Befana das macht. Oder Sie führen mit den Kindern diese Klanggeschichte vor, bei der (fast) jedes Kind das gleiche Instrument spielen kann.

ab 4 Jahren

Das brauchen Sie

- **Viele Rasseln**
- **Ein Xylo- oder Metallofon**

Lesen Sie einfach die Geschichte vor. An den bezeichneten Stellen ertönen die Rasseln der Kinder oder das Xylo- oder Metallofon, das Sie selbst oder ein älteres Kind bedienen.

Wisst ihr, wie in Italien die Geschenke bei den Kindern landen? Eine gute Hexe namens Befana bringt sie zu den Kindern. Dazu saust sie mit ihrem Besen über die Dächer der Häuser.

auf dem Xylo- oder Metallofon schnell herauf und herunter streichen

Dann landet Befana auf einem Dach und guckt in den Schornstein.

absteigende Tonfolge auf dem Xylofon

Sie wirft ihren Besen in den Schornstein, der klappernd unten im Zimmer ankommt.

absteigende Tonfolge auf dem Xylo- oder Metallofon

Ein bisschen hat sie immer Angst, in den dunklen Schornstein hinabzusteigen. Aber es hilft ja nichts, sie schnappt ihren Sack mit den Geschenken und macht sich an den Abstieg.

rasseln

Immer tiefer arbeitet sie sich vor, da passiert es: Die Hexe bleibt mitsamt ihrem Sack stecken.

rasseln und ganz plötzlich aufhören, dann ist kurz Stille

„Das waren wohl wieder ein paar Plätzchen zu viel!“, murmelt die Hexe. „Was mach ich denn jetzt?“ Was glaubt ihr wohl, was die Hexe jetzt am besten machen könnte?

die Zuschauer Vorschläge machen lassen

Genau, am besten ist es, Befana wackelt ein bisschen hin und her, damit sie vielleicht doch noch weiterrutschen kann.

rasseln

Ah, jetzt klappt es wieder: Die Hexe rutscht ein gutes Stück weiter im Kamin …

rasseln

… und zack, sitzt sie wieder fest.

rasseln, wieder plötzlich aufhören

„Oje, oje, schon wieder! Ob das meinem Kollegen, dem Weihnachtsmann, wohl auch passiert? Was mach ich nur?“

die Zuschauer dürfen wieder Ideen einbringen

Gut, das ist eine tolle Idee. Die Hexe hält die Luft an und …

alle schnappen laut nach Luft

… rutscht tatsächlich weiter …

rasseln

… und weiter …

rasseln

und schwupps, ist sie unten im Zimmer angekommen.

ein einzelner Schlag auf dem Xylo- oder Metallofon

Jetzt versteckt sie schnell die Geschenke und dann ruft sie ihren Besen herbei und saust – hui! – durch das Fenster davon, denn durch den Schornstein steigt sie lieber nicht mehr.

aufsteigende Tonfolge auf dem Xylo- oder Metallofon

Wichtelpunsch

Eine alkoholfreie Punschidee für die Weihnachtszeit

Das tut gut nach einem langen Winterspaziergang mit den Familien: ein schöner heißer Punsch, der nicht nur gut schmeckt und wärmt, sondern dazu auch noch gesund ist. Nach diesem Rezept können Sie die heiße Köstlichkeit auch ganz schnell zwischendurch zubereiten.

Das brauchen Sie

- 1 l Früchtetee
- 0,75 l Apfelsaft
- 2 Zimtstangen
- 4 Sternanis
- 1 Bio-Zitrone und/oder 1 Bio-Orange
- Nach Wunsch: 2 bis 5 EL Sirup (Waldbeere)
- Rohrzucker

Den Früchtetee nach Packungsangabe aufbrühen und ziehen lassen. Den fertigen, noch heißen Tee in einen Topf füllen und die Gewürze (Zimt und Anis) dazugeben. Orange/Zitrone heiß abwaschen. Von der Orange und/oder Zitrone die Schale mit einem Zestenreißer oder einer Küchenreibe abraspeln und mit in den Topf geben. Die Früchte auspressen und gemeinsam mit dem Apfelsaft in den Topf geben. Nach Geschmack mit dem Sirup oder Rohrzucker süßen, kurz erwärmen, aber nicht mehr kochen.

Advent und Weihnachten für Kinder unter drei

Auch die Kleinsten bekommen schon mit, dass eine besondere Zeit im Jahr angebrochen ist. Mit den Ideen auf den folgenden Seiten können Sie noch mehr Vorweihnachtsfreude in die Krabbelkindergruppe holen.

Unterwegs mit dem Nikolaus

Ein Kniereiter für die Nikolauszeit

Im Nikolausschlitten sausen die Kinder bei diesem kleinen Kniereiterspiel mit. Bitte einsteigen und Türen schließen!

ab 1 Jahr

Der Nikolaus, der Nikolaus,
der fährt dich heut im Schlitten aus.

Kind auf den Schoß nehmen und auf den Knien sitzen lassen, das Kind dabei gut festhalten

Steig ein und mach die Türen zu,
und ab geht die Post, juhu!

mit einem Arm das Schließen der Türen nachmachen

Eine Kurve, links herum,
rechts herum mit viel Kawumm!

Kind festhalten und sich mit dem Kind zur Seite neigen, erst nach links, dann nach rechts

Es rüttelt, schüttelt, hoch und runter,
halt dich gut fest, fall nicht hinunter!

Kind auf den Knien hoppeln lassen, je nach Alter die Bewegungen der Knie und das Rütteln anpassen

Zum Schluss, da macht der Schlitten halt,
die nächste Fahrt, die kommt ganz bald!

Kind kurz umarmen, die Türen wieder öffnen und „aussteigen"/das Kind vom Schoß steigen lassen

Fünf kleine Kerzen

Ein Fingerspiel für die Vorweihnachtszeit

Dieses kleine Fingerspiel macht Ihren Kleinstkindern bestimmt Freude, denn zuerst müssen die Kinder die kleinste Kerze suchen, dann darf gepustet werden.

ab 1 Jahr

Fünf Kerzen zünden wir heute an,
erst eine, dann zwei, dann ist die dritte dran.

die Faust hochhalten, zuerst den Daumen, dann den Zeigefinger, dann den Mittelfinger hervorziehen

Eine vierte Kerze brennt schon hell und schön,
kannst du die kleinste und fünfte seh'n?

den Ringfinger hervorziehen

Da ist sie schon, wie schön sieht das aus!
Und jetzt? Jetzt pusten wir alle aus!

das Kind den letzten/kleinen Finger hervorziehen lassen, dann über die Hand pusten

Komm, gib mir deine Hand!

Ein Singspiel mit Schnee

Sich bei der Hand nehmen und gemeinsam ein Lied singen – das schafft Vertrauen, Körpernähe und macht den Kleinsten großen Spaß. Vor allem, wenn es ein so sanftes und schönes Liedchen ist wie dieses und es dazu „schneit“.

ab 1 Jahr

Das brauchen Sie

- **Eine Schale oder ein Körbchen mit vielen weißen Papierschnipseln und Federn**

Setzen Sie sich mit den Kindern in einen engen Sitzkreis. Stellen Sie das Körbchen oder die Schale mit den Schnipseln und Federn auf Ihrem Schoß ab. Singen Sie nun gemeinsam das kleine Lied, beispielsweise zur Melodie von „Leise rieselt der Schnee“. Zur ersten Zeile geben sich alle Kinder die Hand. Ist die letzte Zeile gesungen, lassen Sie es sanft schneien, indem Sie etwas von den Papierschnipseln und Federn nehmen und sie auf die Kinder herabschweben lassen. In der nächsten Runde darf eines der Kinder diese Rolle übernehmen. Singen Sie so oft es die Kinder möchten. Im Optimalfall darf es jedes Kind einmal schneien lassen.

Komm, gib mir deine Hand,
reise ins Weihnachtsland.
Weihnachten ist nicht mehr weit,
freue dich, ’s hat schon geschneit.

O Tannenbaum

Ein Mitmachlied mit kreativer Begleitung

ab 2 Jahren

Singend schmücken Sie in diesem Beispiel einen Miniatur-Weihnachtsbaum. Am Ende dieses kleinen Liedes können Sie mit den Kindern dann ihr Kunstwerk bestaunen und besprechen.

Das brauchen Sie

- **Ein großes Stück grünen Filz oder einen Tannenzweig**
- **Kleine stoßfeste (unkaputtbare) Weihnachtskugeln**
- **Ein Körbchen**
- **Stoffkreide**

Mit der Stoffkreide den Umriss eines Tannenbaums auf den grünen Filz malen und ausschneiden. Den so entstandenen „Weihnachtsbaum" auf den Boden oder einen niedrigen Tisch legen. Alternativ können Sie auch einen echten Tannenzweig auslegen. Daneben stellen Sie das Körbchen mit den Kugeln auf.
Setzen Sie sich mit den Kindern gemütlich im Sitzkreis um den Tannenbaum herum. Singen Sie gemeinsam das alte Lied „O Tannenbaum" mit veränderter letzter Liedzeile:

O Tannenbaum, o Tannenbaum,
wie grün sind deine Blätter!
Du grünst nicht nur zur Sommerzeit,
nein, auch im Winter, wenn es schneit.
O Tannenbaum, o Tannenbaum,
wir wollen dich gerne schmücken.

Nun darf jedes Kind eine Kugel aus dem Körbchen nehmen und sie auf dem Tannenbaum arrangieren.

Schneeflocken-Vogel

Eine Gestaltungsidee zum Verschenken

ab 2 Jahren

Ein Vogel im Schnee: Dieses kleine Kunstwerk können schon die ganz kleinen Kinder in der Gruppe mitgestalten. Sie können es als Gemeinschaftsarbeit planen oder jedes Kind stellt seinen eigenen Schneeflockenvogel her. Wichtig ist nicht, dass der Vogel korrekt beklebt ist und aussieht wie ein echter Vogel (etwa eine Amsel), sondern das taktile Erlebnis beim Kreativsein mit Federn und ungewöhnlichen Materialien.

Das brauchen Sie

- **Tonkarton oder Tonpapier in Dunkelblau oder einer anderen dunklen Farbe (etwa DIN-A5)**
- **Holz- oder Buntstifte mit weißer Mine**
- **Bunte Holz- oder Buntstifte oder Wachskreiden**
- **Klebstoff**
- **Weiße Federn**
- **Deckweiß oder weiße Bastelfarbe**
- **Ohrenstäbchen**
- **Schälchen**
- **Schwarze Knöpfe**

Verteilen Sie Federn, Knöpfe und weiße Farbe getrennt voneinander auf die Schälchen. Jedes Kind sucht sich einen Bogen Tonkarton in einer dunklen Farbe aus. Malen Sie für die Kinder den Umriss eines Vogels auf den Tonkarton. Die Kinder kleben dem Vogel zunächst ein oder zwei Augen mit den schwarzen Knöpfen auf. Den Schnabel malen die Kinder mit den Stiften oder Kreiden orange oder gelb an. Dann bekleben die Kinder den Vogel mit den weißen Federn. Nach Wunsch können es die Kinder auf dem Bild noch schneien lassen. Dazu die Ohrenstäbchen in weiße Farbe tippen und dann kleine Punkte auf dem Bild damit verteilen.

Statt mit den Federn können die Kinder ihren Vogel auch mit ausgerissenen Papierschnipseln in Braun oder Schwarz bekleben – je nachdem, welchen Vogel die Kinder darstellen möchten. Gucken Sie sich dazu auch Fotos von Wintervögeln im Internet an oder beobachten Sie die echten Vögel am Futterhäuschen.

Fühl mal den Advent

Ein Tast- und Ratespiel

Tasträtsel machen einfach Riesenspaß. Diese Spielvariation bietet verschiedene Schwierigkeitsgrade für die ganz Kleinen und auch für die älteren, cleveren Bald-Schulkinder.

ab 1 Jahr

Das brauchen Sie

- **Ein Fühlsäckchen**
- **Tastmaterialien, die zum Advent passen, beispielsweise eine kleine nicht zerbrechliche Weihnachtskugel, Holzanhänger in Stern- oder Herzform, ein Teelichtchen, ein kleines Glöckchen, einen kleinen Spielzeug-Nikolaus oder -weihnachtsmann, ...**
- **Tastgegenstände, die gar nicht in den Advent passen, etwa einen Osteranhänger, eine Papier- oder Stoffblüte, einen Spielzeugfisch, ...**

Füllen Sie zunächst nur die Adventsmaterialien in das Säckchen. Im Sitzkreis darf reihum immer ein Kind im Säckchen tasten. Fragen Sie gemeinsam mit den anderen Kindern:

„Advent, schon stehst du vor der Tür,
sag uns mal: Was fühlst du hier?"

Das Kind darf einen Gegenstand auswählen, benennen und herausziehen. Nun schauen Sie gemeinsam nach, ob ihn das Kind richtig benannt hat. Sprechen Sie gemeinsam den Namen des gezogenen Gegenstandes nach. So geht es reihum, bis das Säckchen leer ist. Breiten Sie nun alle Gegenstände in der Kreismitte aus. Die Kinder können sie noch einmal zeigen und benennen.

Schwierigere Variationen für die älteren Kinder

Füllen Sie alle Gegenstände zurück ins Säckchen. Ältere Kinder oder Kinder, die sehr gut im Tasten und Benennen sind, bekommen nun nichtadventliche Gegenstände mit ins Säckchen gemogelt. Das Säckchen wandert nun reihum wieder im Kreis. Jedes Kind wählt einen Gegenstand aus, erklärt, ob es ein adventlicher Gegenstand ist oder ob er nicht zum Advent passt und wie er heißt. Dann darf das Kind seinen Fund herausziehen und zeigen. Hat es richtig geraten? Ihre Kinder sind so clever, dass Sie den nichtadventlichen Gegenstand gleich heraustasten? Dann stecken Sie bei jedem neuen Kind einen neuen nicht passenden Gegenstand dazu, den die Kinder vorher nicht zu sehen bekommen.

Schneeflocken im Wind

Ein Pustespiel für alle

Bei diesem lustigen Wettpusten können alle mitmachen, die schon pusten können. Je nach Alter der Kinder können Sie ihr Spiel ganz einfach variieren.

ab 1 Jahr

Das brauchen Sie

- **Mehrere weiße Wattebäusche**
- **Einen großen Bogen Pappe**
- **Bunte Wachsmalkreiden**
- **Klebestreifen**

Die Kinder malen auf die Pappe zwei große Wolken in verschiedenen Farben: etwa eine weiße und eine blaue Wolke. Zwischen den Wolken sollte noch etwas Platz frei bleiben. Dann kleben die Kinder mit Ihrer Hilfe den bemalten Pappbogen mit Klebestreifen auf dem Tisch fest. Legen Sie Wattebäusche als Schneeflöckchen in die Wolken. Schaffen es die Kinder, Wind zu spielen und die „Schneeflöckchen" aus den Wolken herauszupusten?

Noch mehr Ideen

Kaufen Sie Watte am Stück und rollen Sie mit den Kindern kleine, winzige und große Schneeflocken. Welche lassen sich wohl am besten pusten?

Schwierigere Variation für ältere Kinder

Zum Spielen teilen sich die Kinder in zwei Gegner oder zwei generische Teams auf, hier etwa in ein weißes und in ein blaues Team. Wer schafft es, ein Schneeflöckchen (den Wattebausch) in die gegnerische Wolke zu pusten?

Wenn Engel fliegen

Ein Mitmachgedicht im Sitzen für die ganz Kleinen

Bei diesem Gedicht können schon die ganz Kleinen mitmachen, die noch nicht allein stehen und laufen können. Sie können dazu auch ein Kind auf den Schoß nehmen und mit ihm gemeinsam die Bewegungen nachmachen. Dann führen Sie ganz sanft die Hände/Arme des Kindes passend zum Text.

Wenn Engel fliegen von Haus zu Haus,
dann breiten sie ihre Flügel aus.

die Hände hoch in die Luft strecken

Flattern im Wind zuerst langsam und leise,
ganz sanft gehen sie erst auf die Reise.

ganz langsam mit den Armen Flatterbewegungen machen

Dann flattern sie schneller im Wind umher,
flattern mit ihren Flügeln sehr.

schnelle Flatterbewegungen machen

Vielleicht landen sie auch auf deinem Haus
und ruhen sich hier ein Weilchen aus.

die Arme sinken lassen und das Schlafen nachstellen

Fragen Sie die Kinder doch einmal, wie sie das Schlafen am besten nachmachen können

die Hände unter einer Wange falten, Augen zumachen, hinlegen, schnarchen, ...

Knusperknäuschen

Weihnachtsplätzchen für die Kleinsten

Diese Kekse dürfen schon die Jüngsten mitknabbern.

Du brauchst

- **1 Süßkartoffel**
- **50 g Apfel- oder Apfel-Bananen-Mus**
- **50 g Rapsöl**
- **50 g Mandelmehl**
- **150 g weiche Butter**
- **Eine halbe Vanilleschote**

Die Süßkartoffel schälen, in etwa walnussgroße Stückchen schneiden und weich kochen. Das Kochwasser wegschütten. Die Süßkartoffel abkühlen lassen. Inzwischen die Vanilleschote aufschneiden und das Mark herauskratzen. Das Vanillemark in eine Schüssel geben und die restlichen Zutaten dazugeben. Alles zu einem Teig verkneten. Den Teig für etwa eine Stunde kühl stellen. Dann herausnehmen und nochmals kneten. Ist der Teig noch zu flüssig, weiteres Mehl oder etwas Mandelmehl dazugeben, bis der Teig nicht mehr klebt

Die Kinder nehmen immer eine kleine Menge Teig in die Hand, formen eine Wurst und drücken sie auf mit Backpapier belegten Blechen leicht flach. Alle so geformten Knusperknäuschen im vorgeheizten Ofen bei 160 °C etwa zehn Minuten backen, dann auskühlen lassen.

Advent und Weihnachten mit allen Sinnen

In der Vorweihnachtszeit gibt es viel zu sehen (beispielsweise die Straßenbeleuchtung und die vielen Lichterketten in den Fenstern). Aber es gibt auch viel zu schnuppern, zu schlemmen, zu hören und zu betasten. Auf den folgenden Seiten finden Sie Ideen für alle Weihnachtssinne.

Strohsterne raten

Taktile und visuelle Spiele mit Strohsternen

Es gibt einfache und doppelte Strohsterne, solche mit spitzen oder abgerundeten Enden, Strohsterne mit vielen oder wenigen Armen, mit Rahmen oder in mehreren Lagen … Strohsterne sind ein tolles Spielmaterial.

Das brauchen Sie

- **Ein großes Tablett**
- **Ein Tuch oder eine Augenbinde**
- **Viele unterschiedliche Strohsterne**

ab 4 Jahren

Legen Sie etwa acht Strohsterne auf ein Tablett. Dabei sollten immer zwei Strohsterne gleich sein. Auf dem Tablett befinden sich also kreuz und quer verteilt vier Strohsternepaare. Die Kinder sollen die gleichen Sterne nun nur durch Ertasten herausfinden. Dazu bekommen sie eine Augenbinde oder sie tasten unter einem Tuch. Wenn die Kinder schon älter sind oder sich schon einmal mit Strohsternen beschäftigt haben, können Sie die Anzahl der Tastpaare erhöhen. Jüngere Kinder bekommen entsprechend nur zwei oder drei Paare.
Kinder mit Deutsch als Fremdsprache, aber auch alle anderen Kinder können die Paare und die Unterscheidungsmerkmale abschließend mit Ihnen besprechen.

Variation

Einfacher, aber immer noch knifflig: Statt des Tastsinnes können Sie mit Strohsternen auch die visuelle Wahrnehmung fördern. Legen Sie viele Strohsterne aus. Die Kinder sortieren die Sterne in Gruppen oder wieder in Paaren.

Weihnachtsknete

Duftende Modelliermasse selbst machen

ab 2 Jahren

Weiche und gut formbare Knete, die dazu noch herrlich duftet ... und das alles ganz ohne Weichmacher und giftige Zusatzstoffe. Mit diesem Rezept machen Sie den Kindern eine Freude, denn unsere Knete riecht herrlich nach Weihnachten.

Das brauchen Sie

- **2 Tassen Mehl**
- **1 Tasse Salz**
- **1 bis 2 EL Pflanzenöl**
- **2 TL Backpulver oder Zitronensaftkonzentrat**
- **1 Tasse kochendes Wasser**
- **Lebensmittelfarben**
- **Ätherische Öle: 10 bis 20 Tropfen pro 100 g Teig**

In einer großen Schüssel mischen die Kinder zunächst die trockenen Zutaten: Mehl, Salz und nach Wunsch das Backpulver. Statt des Backpulvers können Sie auch Zitronensaftkonzentrat verwenden, aber der Zitronensaft kann möglicherweise an kleinen Schnitten in den Fingern brennen, die Sie und die Kinder gerade jetzt im Winter vielleicht haben.

Das kochende Wasser gießen nun Sie selbst zu: immer nur ein bisschen, verrühren, wieder ein bisschen und so weiter. Zum Schluss lassen Sie alles etwas abkühlen und kneten den Teig vor. Ist der genug abgekühlt, können die Kinder mitkneten. Kneten Sie gemeinsam, bis ein weicher Teig entsteht. Klebt der Teig noch zu sehr, können Sie noch etwas Mehl hinzugeben. Nun geht es ans Färben und Beduften: Fragen Sie doch die Kinder nach Wünschen. Wie wäre ein orangefarbener Mandarinenteig? Eine hellgelbe Vanilleknete? Dunkelgrüne Wald- oder Tannenknetmasse? Oder lieber Zimt in Rotbraun oder Dunkelgelb?

Pro 100 g fertige Knetmasse benötigen Sie zum Beduften 10 bis 20 Tropfen Duftöl und zum Färben etwa 4 bis 20 Tropfen Lebensmittelfarbe – je nach gewünschter Farb- und Duftintensität. Die Düfte können Sie teilweise im Drogeriemarkt einkaufen. Wählen Sie am besten naturreine ätherische Öle. Achten Sie bei allen Duftnoten auf mögliche Allergiegefahren!

So wirken die Weihnachtsdüfte

Zimt: beruhigend, erdend, ausgleichend

Vanille: erdend, ausgleichend, stimmungsaufhellend

Zitrone: belebend, konzentrationsfördernd

Mandarine: ausgleichend, stimmungsaufhellend

Tannennadel: beruhigend, erdend, konzentrationsfördernd

Weihnachtsbaumschmuck mit Duft

Kleine Geschenke mit großem Aroma

ab 4 Jahren

Mini-Mandalas, Herzen und Sterne für den Weihnachtsbaum, die gut duften? Hier finden Sie eine Last-Minute-Idee, die Sie mit wenigen Materialien noch kurz vor Weihnachten hinbekommen.

Das brauchen Sie

- **Papp- und Kartonreste**
- **Ausstechförmchen**
- **Bleistift**
- **Scheren**
- **Klebstoff**
- **Duftmaterial, beispielsweise selbst gesammelt: Zapfen, Eicheln, Moos, Tannennadeln, Stöckchen**
- **Duftmaterial aus der Küche, beispielsweise abgelaufene Packungen von Sternanis, Kardamom, Zimtstangenstückchen, Gewürznelken, Koriander und weiteren weihnachtlichen Gewürzen**
- **Duftöl mit Weihnachtsduft**
- **Nadel und Faden**
- **Geschenkband**

Die Kinder suchen sich einen Ausstecher aus und legen ihn auf ein Stück Pappe oder Karton. Sie umfahren das Förmchen mit einem Stift. Nun können die Kinder das Förmchen wegnehmen und das aufgemalte Motiv ausschneiden. Das Motiv gut mit Klebstoff bestreichen. Die Kinder bekleben ihr Motiv nach eigenen Ideen etwa mit Moos und anderen Naturmaterialien oder mit den Duftmaterialien aus der Küche. Toll sieht es aus, wenn die Kinder dabei ein Muster oder sogar ein Mini-Mandala legen. Am besten beginnen die Kinder immer innen im Förmchen / Motiv und legen es nach außen hin weiter mit Material aus. Alles immer wieder gut ankleben. Zum Schluss können die Kinder nach Wunsch einige Tropfen Duftöl auf ihr Förmchen tröpfeln. Sie bringen für die Kinder an der Rückseite oder mit Nadel und Faden einen Aufhänger an.

Noch mehr Ideen

Das Zugeben von Duftöl ist nicht zwingend notwendig, denn viele der verwendeten Materialien duften schon von sich aus. Sie können auch Orangen- und Zitronenschalen klein schneiden und mit verwenden.

Von beiden Seiten hübsch und duftend: Die Kinder können auch zwei gleiche Förmchen umranden, ausschneiden und bekleben. Am Schluss die beiden Motive Rückseite an Rückseite aufeinanderkleben und in der Mitte ein Stück Geschenkband mit einkleben.

Feinmotorik-Training ist diese Gestaltungsaktion auf jeden Fall. Sie können den Effekt noch verstärken, wenn Sie den Kindern Pinzetten geben, mit denen sie ihre Duftmaterialien aufkleben können.

Potpourri à la Kita

Eine Duftidee zum Verschenken

ab 3 Jahren

Für diese kleinen Potpourris brauchen Sie eigentlich nur Schachteln, etwas Duftöl und einen ausgedehnten Winterspaziergang. Auch die winterliche Natur hat noch viele Wunder zu bieten. Und ihre Schätze und Fundstücke passen prima in die Duftschachteln.

Das brauchen Sie

- **Kleine Papp- oder Spanschachteln mit Deckel**
- **Füllmaterial wie Hölzchen, kleine Zapfen, Laub, Eicheln und Bucheckernschalen, Moos, getrocknete Blüten**
- **Duftöl mit Lieblingsduft der Kinder oder einem Weihnachtsduft**
- **Klebesternchen**

Der Herbst und der Sommer haben im Wald noch viel übrig gelassen. Riesige Blüten von Goldruten finden Sie jetzt noch, genauso wie Ästchen, Stöckchen und Laub oder Blätter. Getrocknete und ganz kleine, verwelkte Brombeeren können Sie ebenfalls mitnehmen. Auch einige Hagebutten könnten Sie noch finden. Dazu können die Kinder noch Moos und Rinde sammeln. Achten Sie beim Sammeln darauf, dass Sie nichts von Bäumen abreißen, sondern nur zu Boden gefallene Pflanzenteile einsammeln oder Pflanzen und Pflanzenteile, die abgestorben sind.

Zurück in der Kita können die Kinder ihre Schätze in Schälchen sortieren. Dann kann es losgehen. Jedes Kind sucht sich eine Schachtel aus, füllt sie nach eigenen Ideen und beduftet die kleine Sammlung mit einigen (wenigen) Tropfen Duftöl. Zum Schluss können die Kinder ihre Dosen noch mit Klebesternchen verzieren.

Noch mehr Idee

Sammeln Sie Reste in einer großen Schale oder einem Korb und beduften Sie damit den Gruppenraum oder die Garderobe.

Mein Weihnachtsstein

Eine Gestaltungsidee zum Behalten oder Verschenken

Ein Glücksbringer ist nie verkehrt. Hier gestalten die Kinder einen Hosentaschenschatz, Glücksbringer fürs neue Jahr oder ein Weihnachtsgeschenk mit ganz wenig Aufwand.

ab 3 Jahren

Das brauchen Sie

- **Für jedes Kind einen flachen Kieselstein (selbst gefunden oder aus dem Baumarkt)**
- **Schwämmchen und Tücher**
- **Pinsel**
- **Klarlack zum Sprühen**
- **Klebesterne und -herzen**
- **Nach Wunsch: Glitzerherzen und -sternchen oder Glimmerpulver**

Die Kinder suchen sich einen Kieselstein aus. Nun soll der Stein weihnachtlich gestaltet werden. Beispielsweise können die Kinder ihren Stern in einer weihnachtlichen Farbe anmalen und Herzen oder Sterne aufkleben. Solange die Farbe noch nass ist, können die Kinder auch Glittermotive oder Glitzerpulver aufstreuen. Tipp: Zuerst die Rückseite des Steines anmalen, trocknen lassen, dann die Vorderseite anmalen. Die Kinder können natürlich auch Muster und Motive aufmalen oder mit Schablonen arbeiten. Hierfür malen sie zuerst den Stein einfarbig an, dann kleben sie eine Sternschablone auf und malen mit Goldfarbe um oder aus.

Sind alle Steine getrocknet, überziehen Sie sie an einem Ort im Freien mit Klarlack. Alle Steine zusammen auf der Fensterbank oder einem kleinen Tisch ausgelegt, zaubern mit einigen Wind- oder Teelichtern dazwischen eine tolle Dekoration in den Gruppenraum.
Hübsch verpackt, etwa in Organza-Säckchen, sind die Steine ein tolles Geschenk an die Eltern oder Großeltern.

Knister-Plätzchen

Etwas andere Weihnachtsplätzchen mit Überraschungseffekt

Kennen Sie die Knisterpartikel, die im Joghurt oder im Mund anfangen zu knacken, zu knistern und zu explodieren? Sie können sie ganz leicht selbst machen. Wie wäre es dazu mit einer Wunderkerze oder einem Feuerwerksbild?

ab 5 Jahren

Das brauchen Sie

- **Brausepulver**
- **Zucker**

Je eine kleine Tasse Zucker und Brausepulver in eine beschichtete Pfanne ohne weitere Zugaben geben. Bei mittlerer Hitze langsam erhitzen und dabei immer wieder langsam umrühren, bis die Masse leicht zäh geworden ist. Achtung: Verwenden Sie hierfür eine beschichtete Pfanne und lassen Sie die Masse nicht zu heiß werden, da sonst alles anbrennt und sich Reste möglicherweise nur schwer wieder aus der Pfanne entfernen lassen. Die Masse dann auf Backpapier gießen und hart werden und erkalten lassen. In kleine Stücke zerbröseln. Im Mund explodieren die Stückchen beim Lutschen.

Sie können die Brösel auch auf Plätzchen streuen, die Sie vorher mit Zuckerguss überziehen, damit die Stücke haften bleiben, und erhalten dann Knister-Plätzchen.

Die kleine Maus bekommt ein Plätzchen

Eine Geschichte zum Mitschmecken

Wie geht es der kleinen Maus im Winter, wenn es friert und sie nichts mehr zu fressen finden kann? Diese Geschichte fördert Empathie und Mitgefühl, vor allem, weil die Kinder auch gleich mitknuspern können.

ab 3 Jahren

Das brauchen Sie

- **Möhren in kleinen Stückchen**
- **Nüsse**
- **Sonnenblumenkerne**
- **Salzstangen**
- **Brotscheiben mit Butter, in Stückchen geschnitten**
- **Plätzchen oder Kekse**
- **Schalen oder Tellerchen**
- **1 Tablett**

Verteilen Sie die genannten Snacks getrennt voneinander in Schalen. Die Schalen kommen auf das Tablett. Setzen Sie sich mit den Kindern gemütlich hin. Ob die Kinder gern einmal in die Haut einer kleinen Maus schlüpfen möchten, um zu sehen, wie sie den Winter und Weihnachten verbringt?
Erzählen Sie die Geschichte. Immer wenn in der Geschichte einer der Snacks erwähnt wird, dürfen ihn die Kinder kosten. Zum Schluss können Sie gemeinsam die Kekse knuspern.

Es war eine kleine Maus, die im Garten der Familie Rumpelpumpel lebte. Die kleine Maus aß für ihr Leben gerne Möhren. Das knackte so schön an den Mausezähnen. Jeden Tag suchte sich die Maus eine leckere Möhre und futterte so viel sie nur konnte. Aber jetzt wurden die Tage kürzer, es wurde früher dunkel, der Winter kam und mit ihm kamen Eis und Schnee. Die Erde war so hart gefroren, dass die kleine Maus keine Möhren mehr im Garten fand. Und auch Samen, Nüsse und Körnchen gab es nicht mehr. Eigentlich gab es gar nichts mehr, was die kleine Maus fressen konnte. Darum schlich sie sich immer näher ans Haus der Familie Rumpelpumpel heran. Einmal verlor Max, der kleine Sohn der Rumpelpumpels, ein Salzstängelchen. Das schmeckte der kleinen Maus nicht, denn sie fand es viel zu salzig. Und eines Tages hatte Lilly, die Tochter, ihr Pausenbrot vergessen. Das fand die kleine Maus sehr lecker, aber sie konnte nur einen winzigen Bissen fressen, bevor die Mama in die Küche kam und sie entdeckte.

Die kleine Maus versteckte sich draußen vor dem Haus. Aber hier war es kalt und eisig und dazu hatte die kleine Maus schrecklichen Hunger. Fast musste sie ein bisschen weinen, denn die meisten Menschen mochten keine Mäuse und vielleicht würden die Rumpelpumpels sie nun vertreiben. Oder sie schafften sich vielleicht eine böse Katze an!
Doch eines Abends, es war schon dunkel, entdeckte Lilly etwas ganz Besonderes: Direkt vor ihrem Versteck lag ein Plätzchen! Und daneben lag etwas Moos. So ein Glück! Das Plätzchen schmeckte der kleinen Maus prima und dann kuschelte sie sich ins Moos und dachte, dass die Rumpelpumpels vielleicht doch sehr nette Leute waren.
Am Fenster standen Lilly und Max und aßen ebenfalls Plätzchen.
„Frohe Weihnachten, kleine Maus!“, rief Lilly nach draußen.

Noch mehr Ideen

Die Geschichte können Sie Ihren Vorräten in der Kita auch prima anpassen. Wenn keine Salzstangen und Möhren da sind, bauen Sie einfach Gurken, Radieschen, Knäckebrot ein. Und falls Sie das Interesse der Kinder an Tieren und wie diese den Winter verbringen geweckt haben, forschen Sie gemeinsam nach: im Wald, in Sachbüchern, im Internet, in und um die Kita. Entdecken Sie Mauselöcher, Nester, Eichhörnchenkobel, Mauerritzen mit Käfern und Spinnen, hohle Bäume für Fledermäuse und viele Verstecke mehr.
Möchten die Kinder eine weitere Geschichte erfinden, in der ein kleines Tier den Winter überlebt?

Der kleine Stern will größer werden

Eine Aufpassgeschichte zum Singen und Klingen

Jetzt in der Vorweihnachtszeit ist die dunkelste Zeit im Jahr und der Tag geht schon früh zu Ende. Falls es nicht regnet und der Himmel klar ist: Schauen Sie mit den Kindern doch einmal nach, ob Sie einen kleinen, nicht ganz so hellen Stern entdecken können. Von diesem Stern könnte diese Geschichte handeln.

Das brauchen Sie

- **Für jedes Kind ein Glöckchen (oder ein anderes Klanginstrument)**

Versammeln Sie sich mit den Kindern im Sitzkreis. Jedes Kind bekommt ein Glöckchen oder ein anderes Klanginstrument. Dann geht es los: Immer, wenn in der Geschichte das Wort oder der Wortbestandteil „Stern“ vorkommt, klingeln die Kinder kurz mit ihren Glöckchen. Am Ende der Geschichte möchten die Kinder für den kleinen Stern bestimmt gern das Funkellied singen. Wir haben es zu diesem Zweck etwas umgetextet:

Funkel, funkel, kleiner Stern,
du wärst groß und hell so gern.
Darum singen wir für dich,
denn dann wächst du sicherlich.
Funkel, funkel in der Fern',
bald bist du ein großer Stern.

Die Geschichte

Es war einmal ein kleiner Stern, der noch nicht so richtig hell leuchten konnte. Während die großen Sterne schon ganz hell strahlten, funkelte der kleine Stern nur ein kleines bisschen. Und das ärgerte den kleinen Stern, denn gerade jetzt in der Weihnachtszeit wollte er unbedingt, dass ihn die Kinder auf der Erde bemerkten. Aber er war noch viel zu klein.

„Ach, das kommt schon noch!“, tröstete ihn sein Papa.

„Wie mach ich das, dass ich schneller groß werde?“, fragte der kleine Stern.

Der Sternenpapa musste kurz nachdenken. „Na ja, kleine Sterne brauchen eben etwas Zeit, um groß zu werden, das ist ganz natürlich. Da kann man nichts machen.“

„Was, nichts machen?“, fragte der kleine Stern und wurde wütend.

„Nein, wirklich nicht. Du kannst natürlich viel und gesund essen …“

„Langweilig!“, fand der kleine Stern.

„… und etwas Sternensport machen …“

„Auf keinen Fall!“ Der kleine Stern schüttelte den Kopf.

„… und du passt auf, dass du keinen Sternenschnupfen bekommst …“

„… passiert schon nicht!“, wetterte der kleine Stern.

„… und du passt auf, dass du am Himmel keinen Unsinn anstellst, keinen Sternenunfall hast …“

„Das mach ich doch schon alles!“, rief der kleine Stern und wurde jetzt richtig wütend. „Ich will einfach nur schnell groß werden und hell strahlen und glitzern und funkeln. So wie die großen Sterne!“

Der Sternenpapa seufzte. „Dann weiß ich nur noch einen Rat …“

„Ja?“, drängelte der kleine Stern.

„Du musst die Kinder unten auf der Erde bitten, das Lied vom kleinen Funkelstern für dich zu singen.“

„Und dann werde ich heller und größer und leuchte mehr?“

„Natürlich, dann schon“, nickte der Sternenpapa.

Ob das dem kleinen Stern gelingen wird?

Maus, pass auf!

Ein Musikstopp-Spiel zum Genauhinhören

ab 4 Jahren

Den echten Weihnachtsmann einmal zu Gesicht bekommen – das wünschen sich die Waldmäuse im Winterwald. Mit diesem Musikstopp-Spiel laden Sie die Kinder zu einem Besuch im Winterweihnachtswald ein. Wer weiß, ob die Kinder mehr Glück haben? Vielleicht, wenn sie ganz besonders gut hinhören …

Das brauchen Sie

- **Ein Glöckchen**
- **Eine Rassel**
- **CD-Spieler mit weihnachtlicher Kindermusik**
- **Eine kleine Überraschung für die Kinder (beispielsweise ein Teller mit Plätzchen)**
- **Für die Variation: eine große Decke**

Heute sind alle Kinder Mäuse. Sie leben im Winterwald und müssen gut aufpassen, dass Fressfeinde wie Eule oder Fuchs sie nicht erwischen. Gerade haben sich die Mäuse aus ihren warmen, kuscheligen Mauselöchern in den Wald getraut. Sie haben sich nämlich vorgenommen, den Weihnachtsmann zu sehen. Immer, wenn die Musik aufhört, müssen sie darum gut aufpassen. Hören sie ein Glöckchen, dann könnte das der Weihnachtsmann sein. Dann bleiben sie ganz still stehen und geben keinen Mucks von sich, damit er sich beobachten lässt. Erklingt dagegen das Rasseln, dann nahen der Fuchs oder eine Eule und sie müssen sich ganz schnell verstecken.
Vereinbaren Sie mit den Kindern passend dazu folgende Signale:
Glöckchen = still stehen bleiben
Rassel = ganz klein machen

Zur Musik tanzen oder laufen alle Mäuse durch den Raum. Verklingt die Musik, spielen Sie eines der Geräte. Bei der Rassel machen sich alle Mäuse ganz klein. Wer die falsche Bewegung macht, den schnappt sich der Fuchs. Das Kind setzt dann beispielsweise eine Runde aus. Am Ende des Spiels dürfen die Kinder vor die Tür gucken: Hier haben Sie vor Spielbeginn die Überraschung für die Kinder bereitgestellt. Den Weihnachtsmann haben die Mäuse zwar nicht gesehen, aber dafür hat er ihnen eine Überraschung dagelassen.

Variation

Statt sich ganz klein zu machen, können sich die Kinder auch alle gemeinsam unter einer großen Decke verstecken.

Bärentatzen einmal anders

Ein Rezept vom Nordpol

Diese Bärentatzen können nur von einem Eisbären stammen, denn anders als ihre schweren braunen Verwandten sind diese kleinen Gebäckstücke aus hellem Biskuitteig.

ab 3 Jahren

Das brauchen Sie

(für 24 Bärentatzen)

- **50 g Butter**
- **3 Eier**
- **80 g Zucker**
- **60 g Mehl (und etwas mehr Mehl zum Ausstreuen der Förmchen)**
- **60 g Speisestärke**
- **½ TL Backpulver**
- **Etwas Zitronen- oder Vanillearoma**
- **Etwas Speiseöl**
- **Weiße Kuvertüre oder Puderzucker**
- **Eine Handvoll Mandelstifte**
- **Bärentatzen-Backbleche (ersatzweise Backbleche für Madeleines)**

Die Butter schmelzen und wieder abkühlen lassen. Eier, Butter und Zucker verrühren. Das Mehl gemischt mit der Speisestärke und dem Backpulver untersieben. Etwas Zitronen- oder Vanillearoma dazugeben und alles verrühren. Den Ofen auf 200 °C vorheizen. Die Kinder pinseln die Vertiefungen im Backblech mit Öl ein und bestäuben sie mit ein wenig Mehl. Den Teig mit zwei Esslöffeln in die Vertiefungen verteilen. Die Bärentatzen zwölf Minuten goldbraun backen, abkühlen lassen und aus dem Blech lösen. Nach Wunsch das Gebäck nun mit weißer Kuvertüre überziehen oder mit Puderzucker bestäuben. Als Krallen in jede Tatze fünf Mandelstifte einstecken.

Seelentröster aus der Küche

Gewürzschokolade für müde Geister

ab 4 Jahren

Ziemlich lecker, so eine Gewürzschokolade mit gebrannten Mandeln und Zimt. Zu kaufen bekommen Sie das nicht. Die gute Nachricht: Das Selbermachen ist weniger Arbeit als gedacht und die fertige Schokolade eignet sich zum Selbernaschen und auch als kleines Geschenk für die Eltern.

Material

Für etwa 10 Stücke / Tafeln

- **1 kg Kuvertüre oder neutrale Schokolade (hier Vollmilch)**
- **2 Vanilleschoten**
- **3 TL Zimt**
- **1 Tasse gebrannte Mandeln**
- **Speiseöl**

Zum Verpacken:

- **Durchsichtige Geschenkfolie**
- **Geschenkband**
- **Pappe oder Tonkarton**
- **Buntstifte**
- **Locher**

Die Kuvertüre oder Schokolade in Stücke brechen und im Wasserbad langsam schmelzen. Lassen Sie die Schokolade nicht über kochendem Wasser schmelzen, sondern schön langsam über höchstens siedend heißem Wasser. Und: Achten Sie darauf, dass kein Tröpfchen Wasser in die Schokolade gerät, da sie sonst gerinnt.

In der Zwischenzeit können Sie mit den Kindern am besten in einer geeigneten Küchenmaschine die gebrannten Mandeln grob hacken – und natürlich auch probieren. Schneiden Sie für die Kinder die Vanilleschoten mit einem scharfen Messer längs auf. Die Kinder kratzen das Mark heraus und geben es zur Schokolade. Auch den Zimt zur Schokolade geben und gut umrühren, damit sich die Gewürze in der Schokomasse gut verteilen können.

Ein Backblech (bei Bedarf auch mehrere Bleche, ersatzweise eckige Kuchenformen oder Auflaufformen) mit etwas geschmacksneutralem Speiseöl ausfetten. Die Schokomasse vorsichtig bis zu etwa einem halbem Zentimeter Dicke hineingießen. So lässt sich die Schokolade später besser in Stücke brechen. Die Mandeln aufstreuen und die Schokolade über Nacht oder wenigstens einige Stunden im Kühlschrank ganz fest werden lassen.

Nach dem Festwerden die Schokolade in Stücke schneiden oder brechen. Die Stücke in Folie einschlagen und mit Geschenkband umwickeln. Die Kinder können Geschenkanhänger gestalten und mit anknoten.

Tipp

Statt der Vollmilchvariante eignet sich für die Eltern vielleicht auch eine zartbittere, dunkle Schokolade. Hier können Sie mit kandierten Orangenstückchen, Chili und Lebkuchengewürz experimentieren. Oder die Kinder kreieren eine weiße Schokolade mit selbst gemachtem Krokant oder Keksstückchen.

Ruhe und Erholung in der Vorweihnachtszeit

Gerade in der Vorweihnachtszeit kann es auch einmal hektisch zugehen. Zu Hause, am Arbeitsplatz, in den Geschäften und im Straßenverkehr: Überall sind plötzlich viel mehr Menschen und es ist viel mehr los. Da tun einige ruhige Minuten gut. Versuchen Sie Ruheeinheiten und kleine, ruhige Spiele jeden Tag einzubauen und profitieren Sie auch selbst von den kleinen Auszeiten.

Wenn die Wichtel schlafen gehen

Eine Mini-Klanggeschichte zum Ruhigwerden in Reimform

Diese Klanggeschichte können Sie mit Licht und mit Klang umsetzen. Das sieht schön aus und hört sich auch schön an. Vielleicht dürfen sich die Kinder aussuchen, ob sie ein Klanginstrument spielen oder ein Lichtchen bedienen möchten. Auch als Vorführung ist das kleine Gedicht geeignet. Im Gruppenalltag und ohne Zuschauer können Sie es zum Schluss ganz leise flüstern, um die Ruhe zu unterstreichen.

ab 3 Jahren

Das brauchen Sie

- **Lichtchen (etwa LED-Lichter oder Taschenlampen) und Klanginstrumente nach Idee und Wunsch der Kinder**

Wenn die Wichtel schlafen gehen,
kannst du ihre Laternen sehen.

Lichtchen anstellen, Klanginstrumente erklingen

Sie leuchten aus Wurzeln von Bäumen hervor,
dann dringt ihr Singen an dein Ohr.

Lichtchen an- und ausknipsen, die Klanginstrumente bespielen

Doch wenn es später wird in der Nacht,
erlöschen die Lichter sanft und sacht.

die Klanginstrumente werden leiser, die Lichtchen angeknipst lassen

Erst eins, dann zwei, dann drei, dann vier,
sie schließen ab die Wichtelhaustür.

die Instrumente werden leiser und leiser

Dann wird es dunkel und ruhig im Wald,
die Wichtel schlummern, die Nacht wird kalt.

flüstern, die Lichtchen ausstellen, die Klanginstrumente verstummen nun ganz

Kleine Kerze

Ein Liedchen mit Meditation

ab 3 Jahren

Eine Kerze anzuzünden kann ein ganz besonderer Moment sein. Beginnen Sie damit diese kleine Ruhepause, in der Sie mit den Kindern einfach einmal ganz genau den Kerzenschein wahrnehmen. Für diese kleine Kerzenmeditation sollten Sie darum auch eine echte Kerze oder ein Teelicht (kein LED- oder batteriebetriebenes künstliches Licht) verwenden. Beachten Sie dabei aber die Brandschutzrichtlinien Ihrer Kita.

Das brauchen Sie

- **Kerze mit Kerzenhalter oder Teelicht**
- **Feuerzeug**

Zur Melodie von „Bruder Jakob" singen Sie das folgende kleine Lied:

Kleine Kerze,
kleine Kerze,
schenk uns Licht,
Zuversicht.
Kleine Flamme brenne,
kleine Flamme brenne,
hell und schön,
anzuseh'n.

Nun dürfen die Kinder, jedes für sich und in Ruhe, die kleine Kerzenflamme betrachten und ihr besonderes Licht wahrnehmen. Falls es den Kindern schwerfällt, ruhig und entspannt zu bleiben, können Sie ihre Aufmerksamkeit fokussieren und lenken, etwa indem Sie Fragen stellen:

– „Ist die Flamme ruhig oder unruhig?"
– „Wo ist die Flamme am hellsten? Wo am dunkelsten?"
– „Welche Farben erkennt ihr in der Flamme?"

(Die Kerzenflamme ist meist rund um den Docht am hellsten, dunkel ist sie ganz unten. Die heißesten Stellen sind jene, an denen die Flamme weiß oder sogar hellblau-weißlich ist. Das ist bei Sternen übrigens ähnlich: Weiße und hellblau-weiße Sterne sind viel heißer als ihre gelben, orangefarbenen oder roten Verwandten.)

Zum Abschluss löschen Sie die Kerze (oder die Kinder pusten sie aus) mit diesem Lied:

Kleine Kerze,
kleine Kerze,
Zeit zu geh'n,
auf Wiederseh'n.
Danke für dein Lichtchen,
danke für die Wärme.
Hell und schön,
auf Wiederseh'n.

Als der Nikolaus endlich schlafen wollte

Eine Entspannungsgeschichte zum Mitfühlen

Eine lustige kleine und ganz ruhige Geschichte zum Mitfühlen und Mitschmunzeln begleitet die Kinder hier in die Ruhe.

ab 4 Jahren

Der Nikolaus war supermüde, denn er hatte viel zu tun gehabt. Er konnte kaum noch seine Arme und Beine heben.

Er schlurfte zu seinem Bett und legte sich hin. Da war es gemütlich und warm und weich. Ach, wie herrlich! Der Nikolaus seufzte zufrieden und machte die Augen zu. Jetzt würde er endlich ein kleines Schläfchen halten können. Da piepste eine ganz kleine Stimme direkt neben seinem Ohr:

„Hör mal, Nikolaus, das ist aber nicht nett. Du hast mir gar kein Geschenk gebracht!"

Der Nikolaus richtete sich müde auf und zog seine Brille an. Vor ihm auf dem Kopfkissen saß die kleine Maus Marie, die im Nikolaushaus wohnte. Und die hatte er wirklich ganz vergessen.

„Ach, das tut mir aber leid!", sagte der Nikolaus. Er stand auf und nahm ein Plätzchen aus seinem Sack, das er der kleinen Maus gab. Die Maus bedankte sich und begann, an ihrem Plätzchen zu knabbern, aber das hörte der Nikolaus schon gar nicht mehr, denn er war schon längst eingeschlafen, als es plötzlich an der Tür klopfte.

„Halloho! Haaaallo!", rief es von draußen.

Der Nikolaus kämpfte sich wieder aus dem Bett, tastete nach seiner Brille, zündete eine Kerze an, damit Licht im Haus war, und tappte barfuß zur Haustür. Tatsächlich, da stand der Wichtel Pit.

„Sag mal, Nikolaus, du schläfst doch nicht etwa schon? Du hast mich nämlich vergessen!"

„Dich auch?!" Das war dem Nikolaus wirklich unangenehm. Er ging zu seinem Sack und zog eine Orange und ein paar Nüsse für Pit heraus. Und dann legte er sich endlich, endlich wieder zurück in sein warmes, weiches, gemütliches …

Kawumm! Irgendetwas krachte ganz fürchterlich. Der Nikolaus richtete sich wieder auf, zog seine Brille wieder an und staunte: Aus einer Wolke aus Ruß und Staub, die aus dem Kamin kam, richtete sich eine Gestalt auf.

„Na, das ist ja nicht sehr nett. Hallöchen, ihr alle, ich dachte, ich frag mal, ob du mich vielleicht vergessen hast?"

Die Hexe Hilde, voller Schmutz und Ruß, stapfte ans Nikolausbett und stemmte die Arme in die Seite. Die Maus und der Wichtel waren auch noch da, stellte der Nikolaus mit einem schnellen Blick fest.

„Du siehst", sagte die Hexe und hustete wegen des ganzen Staubs, „aber nicht sehr fit aus. Warte mal, das haben wir gleich: Dumdideldei, ein Teechen herbei!"

Und schwupps, stand eine heiße leckere Tasse Tee auf dem Tisch, und eins, zwei, drei erschienen noch zwei Käsebrote und einige Schokokringel. Das sah so lecker aus!

Der Nikolaus, die Hexe, der Wichtel und die Maus machten sich über die Leckereien her und schwatzten und lachten noch bis tief in die Nacht. Der Nikolaus schenkte der Hexe einen Weckmann und dann … dann durfte der Nikolaus endlich sein Schläfchen halten.

Der Nikolaus geht schlafen

Ein Mitmachgedicht von der Bewegung in die Ruhe

Von der Bewegung in die Ruhe können die Kinder mit diesem kleinen Mitmachgedicht finden, bei dem sie sich auch wirklich hinlegen. Nach Wunsch können Sie zu diesem Zweck Matten bereitlegen, falls es auf dem Boden zu kühl ist. Das Gedicht eignet sich auch als Einführung, bevor Sie eine Fantasiereise oder Vorlesegeschichte starten.

ab 3 Jahren

Der Nikolaus, der Nikolaus,
der kommt jetzt endlich heim, nach Haus.

auf der Stelle gehen

Zuerst zieht er die Schuhe aus,
dann schließt er ab die Tür zum Haus.

das Schuheausziehen pantomimisch nachstellen, dann das Türabschließen

Dann zieht er schnell sein Nachthemd an,
macht noch Gymnastik ab und an.

das Nachthemdanziehen nachstellen, eine Kniebeuge machen

Jetzt gähnt er schon und knackt mit Knochen,
dann ist er schon ins Bett gekrochen.

gähnen und sich hinlegen

Schlaf gut, lieber Nikolaus,
in deinem kleinen Nik'laushaus!

kurz liegen bleiben und Schnarchgeräusche machen oder entspannen

Schneekugel-Atmung

Eine Atemübung, um zur Ruhe zu kommen

Atemübungen wirken! Das hat damit zu tun, dass wir mit dem Atem auch unser Körperbefinden lenken können. In Stresssituationen atmen wir, ohne es zu bemerken, häufig flacher und schneller. Eine Minute, um sich auf tiefe Atmung zu konzentrieren, kann deshalb Wunder wirken. Für die Kinder veranschaulichen Sie das mit einer Schneekugel, die eigentlich gar keine ist.

ab 4 Jahren

Das brauchen Sie

- **Wattebäusche**
- **Nach Wunsch CD-Spieler mit Entspannungsmusik**
- **Matten oder Matratzen**

Die Kinder legen sich auf dem Rücken auf die Matten oder Matratzen. Schalten Sie nach Wunsch die Entspannungsmusik ein. Legen Sie jedem Kind einen Wattebausch als Schneekugel auf den Bauch. Jetzt geht es los: Bitten Sie die Kinder, ganz tief und langsam einzuatmen. Beim Einatmen wölbt sich die Bauchdecke weit nach oben. Wer schafft es, dass seine Schneekugel nicht herunterpurzelt?
Dann atmen Sie gemeinsam lange und langsam aus. Auch hier: Wer kann seine Schneekugel auf dem Bauch, der sich jetzt nach innen zieht, halten?
Wiederholen Sie die Atmung einige Male. Versuchen Sie, die Atemzüge zu verlängern, etwa von zuerst drei Sekunden auf bis zu fünf Sekunden.

Tipp

Kinder atmen schneller als Erwachsene und haben meist auch einen höheren Puls, was normal und entwicklungsbedingt ist. Wenn Sie die Fünf-Sekunden-Atmung schaffen, ist das schon richtig toll!

Zitrustheater

Eine Probier- und Entspannungsreise mit Zitrusfrüchten

In diesem kleinen Theaterstück, das Sie den Kindern mit Obst vorspielen, entspannen und lachen die Kinder mit den gar nicht dummen Zitrusfrüchten. Im Anschluss halten Sie einen Probierteller bereit, von dem die Kinder die einzelnen Geschmacksrichtungen von Mandarine, Orange und Pampelmuse in Ruhe testen können.

ab 3 Jahren

Das brauchen Sie

- **Teller**
- **Obstmesse**
- **Kugelschreiber oder wischfesten Filzstift**
- **Eine Orange**
- **Eine Mandarine**
- **Eine Pampelmuse**

Malen Sie der Mandarine, der Orange und der Pampelmuse je ein Gesicht mit Filzstift oder Kugelschreiber auf. Dann kann es schon losgehen. Spielen Sie den Kindern die Geschichte mit den drei Früchten vor. Im Anschluss kann verkostet werden!

Es war einmal eine Mandarine. Die wollte eine schöne, große Orange werden.
„Wenn ich nur schnell wachse und mich richtig anstrenge, dann werde ich bestimmt so schön und dick und fett wie eine Orange!“, nahm sich die Mandarine vor.
Das hörte die Pampelmuse und kicherte: „So ein Quatsch: Aus einer Mandarine kann doch keine Orange werden! Eine Mandarine ist eine Mandarine und eine Orange ist eine Orange!“
„Gut, dann werde ich eben eine Apfelsine!“, erklärte die Mandarine, die gar nicht dumm war.
„Das ist doch genau das Gleiche!“, lachte die Pampelmuse.
„Das Gleiche?“, fragte die Mandarine erstaunt.
„Na klar, eine Orange ist das Gleiche wie eine Apfelsine. Und wir alle schmecken toll, aber jeder schmeckt anders. Ich schmecke toll, ein bisschen bitter und ein bisschen süß und sauer. Die Orange schmeckt süß und du … du schmeckst noch süßer.“
„Ja, aber ich will lieber so groß sein wie ihr!“, beharrte die Mandarine. „Das ist viel toller!“
„Es gibt aber auch Leute, viele Kinder beispielsweise, die lieber Mandarinen mögen, denn die sind kleiner und man kann sie ganz essen, ohne Reste zu machen. Und sie schmecken ihnen besser.“
„Wirklich?“, fragte die Mandarine. „Bist du ganz sicher?“
„Fragen wir doch ein paar Kinder!“, schlug die Pampelmuse vor. „Mal sehen, ob uns jemand essen möchte.“

Variation

Sie können die Geschichte auch umbauen und etwa noch eine Limette oder Zitrone mit dazunehmen.

Impressum

Bibliografische Information der Deutschen Bibliothek
Die Deutsche Bibliothek verzeichnet diese Publikation in der Deutschen Nationalbibliografie; detaillierte bibliografische Daten sind im Internet über http://dnb.ddb.de abrufbar.

2. Auflage 2019

Text: Suse Klein
Illustrationen: Petra Eimer
Abbildungen: S. 17 © lidiapuica/Julija/derbisheva – Fotolia.com, S. 27 © koroleva8 – Fotolia.com, S. 47 © vaneeva – Fotolia.com, S. 55 © radionastya – Fotolia.com

Druck und Bindung: Balto Print
ISBN 978-3-7806-5132-7